アートでつなぐ

河正雄

聞き書き 原智子

50年以上にわたる蒐集・寄贈活動のかたわら、
河正雄が描き続けてきた作品（P2～P5）

寄贈作品と作家たちとの交流（P6～P12）

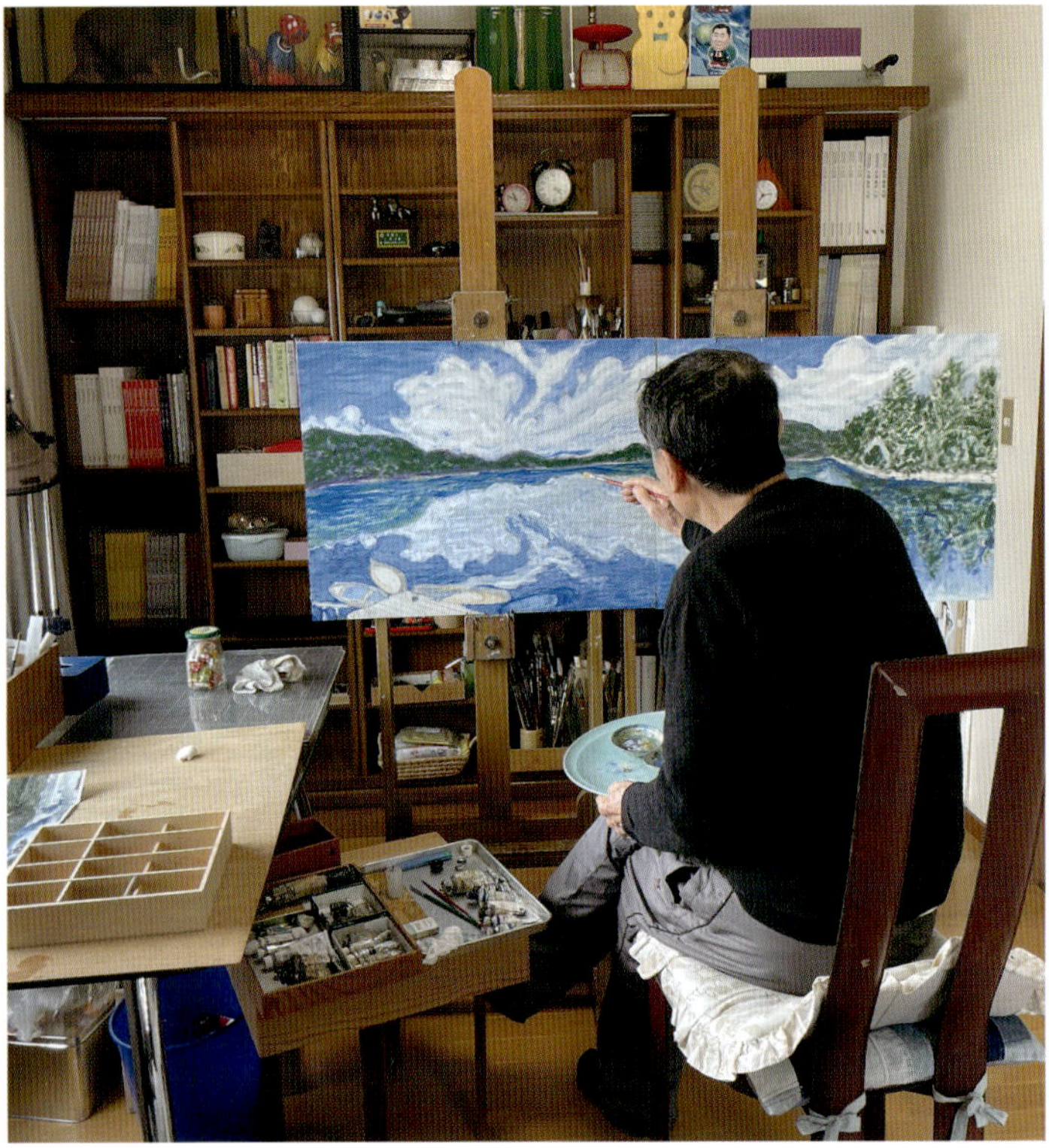

河正雄　近影

かつて貧しさや母の反対で諦めた画家への道……。趣味として少しずつ描きためた作品はその後、光州市立美術館分館 河正雄美術館にも展示され、力強く鮮やかな色彩が見る者を圧倒する。埼玉の自宅で今も制作に励む河さんは、なかなか思い通りに描けないとぼやくが、キャンバスに向かう横顔には少年のような高揚感が見て取れた。

河正雄 トランポリン 1978

河正雄 田沢湖高原 1980

河正雄 八ヶ岳 1980

河正雄 清里の庭 2023

河正雄　五元 1

河正雄　五元 2

李禹煥 From Line 1980

鎌倉 李禹煥氏の自宅にて 2013.12.27

姜喆洙　冬語　2009

金石出　1980.5.27

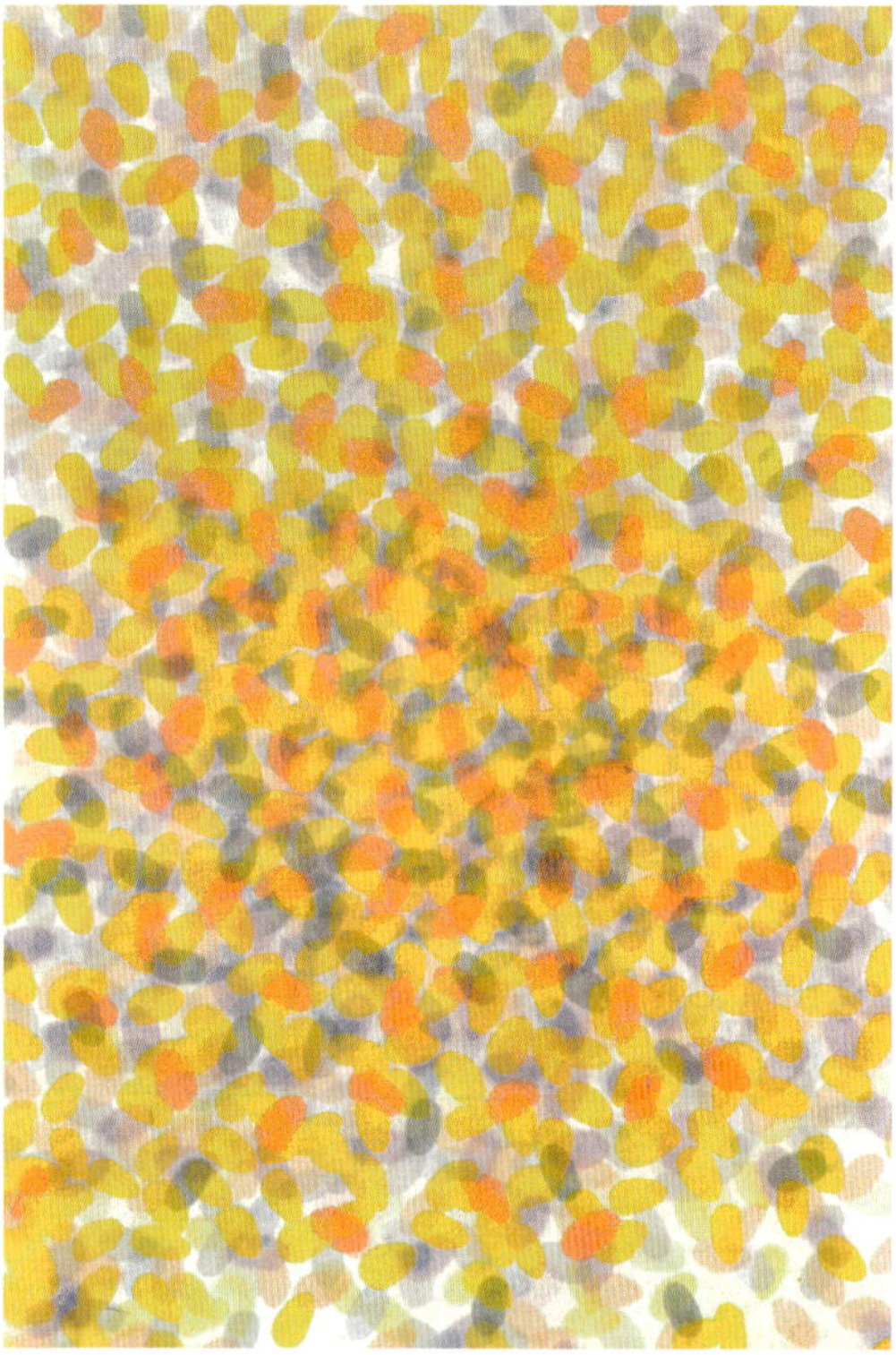

郭仁植　Work 84C　1984

郭仁植氏と共に　1982

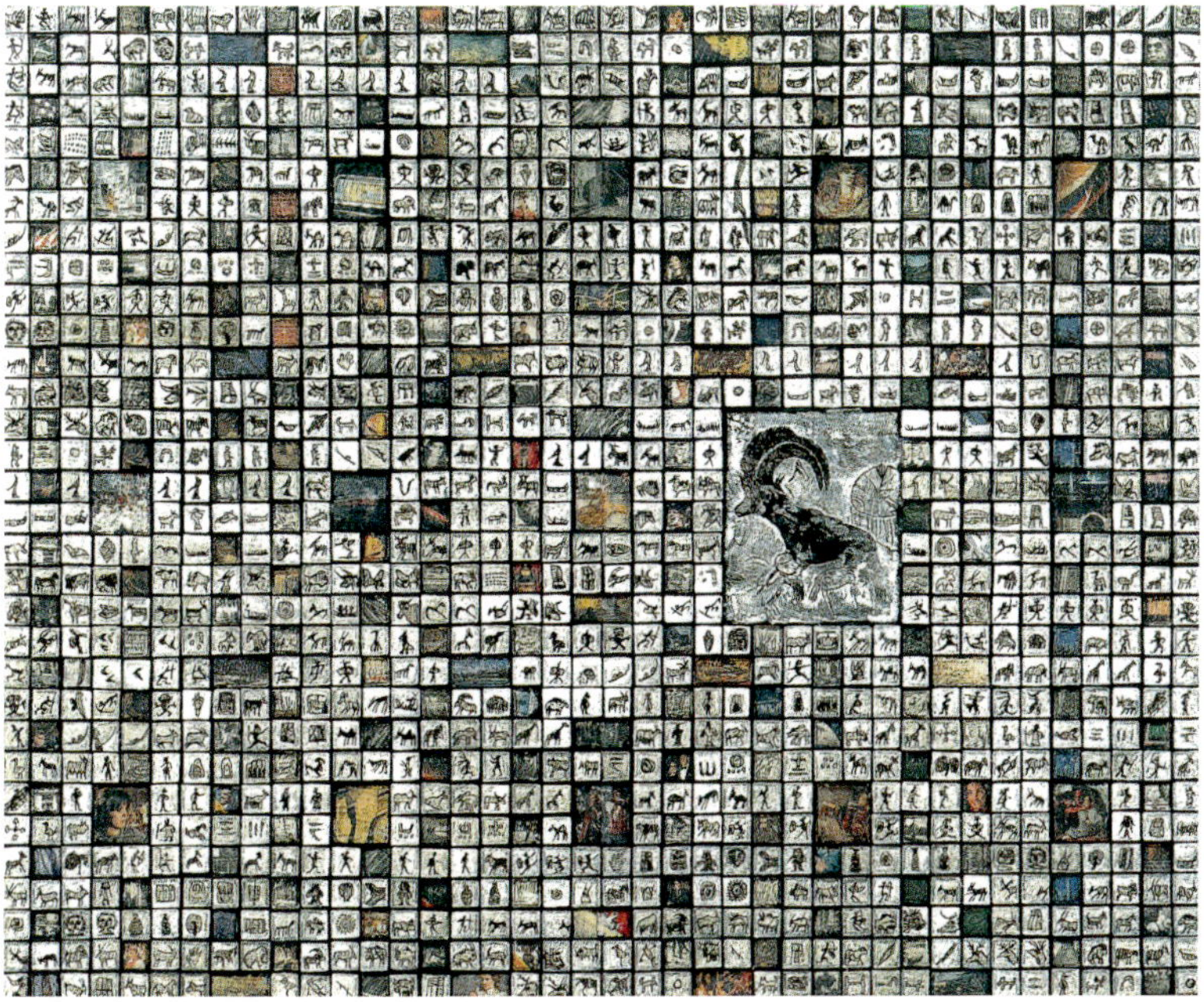

郭徳俊　社会－壁画　1981

伊丹潤　郭徳俊　河正雄　1996.11.8

宋英玉　闘犬　1987

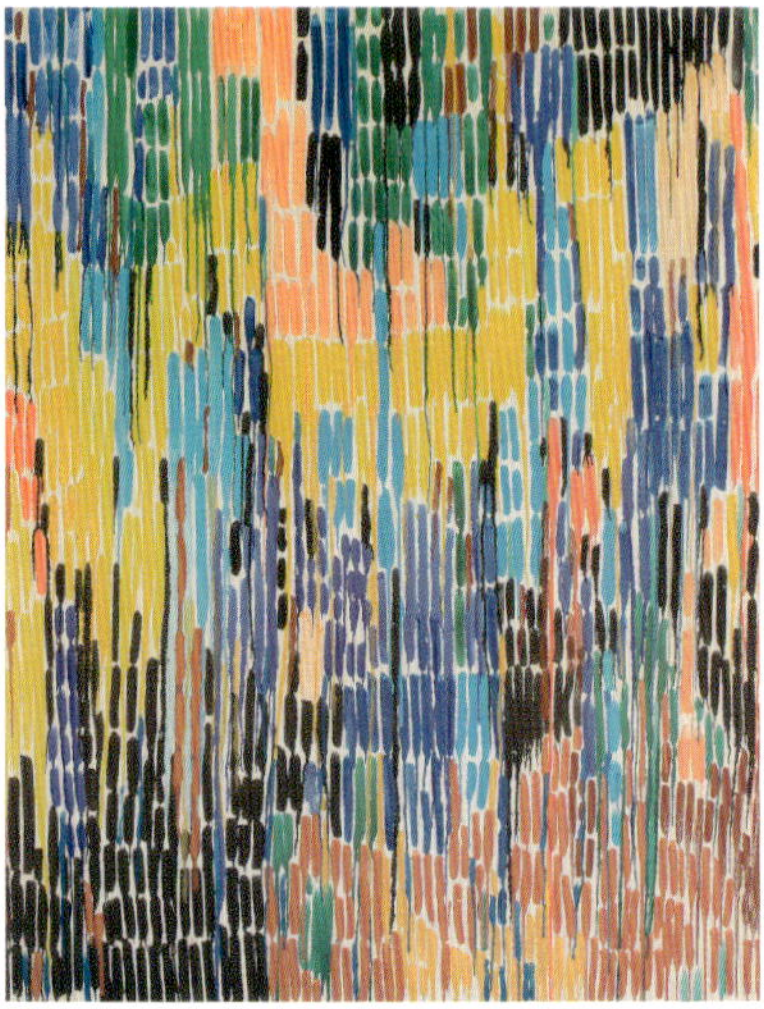

孫雅由　色の位置　1987

曺良奎

曺良奎　31番倉庫　1955

全和凰　春香の再会　1977

文承根　活字球　1974

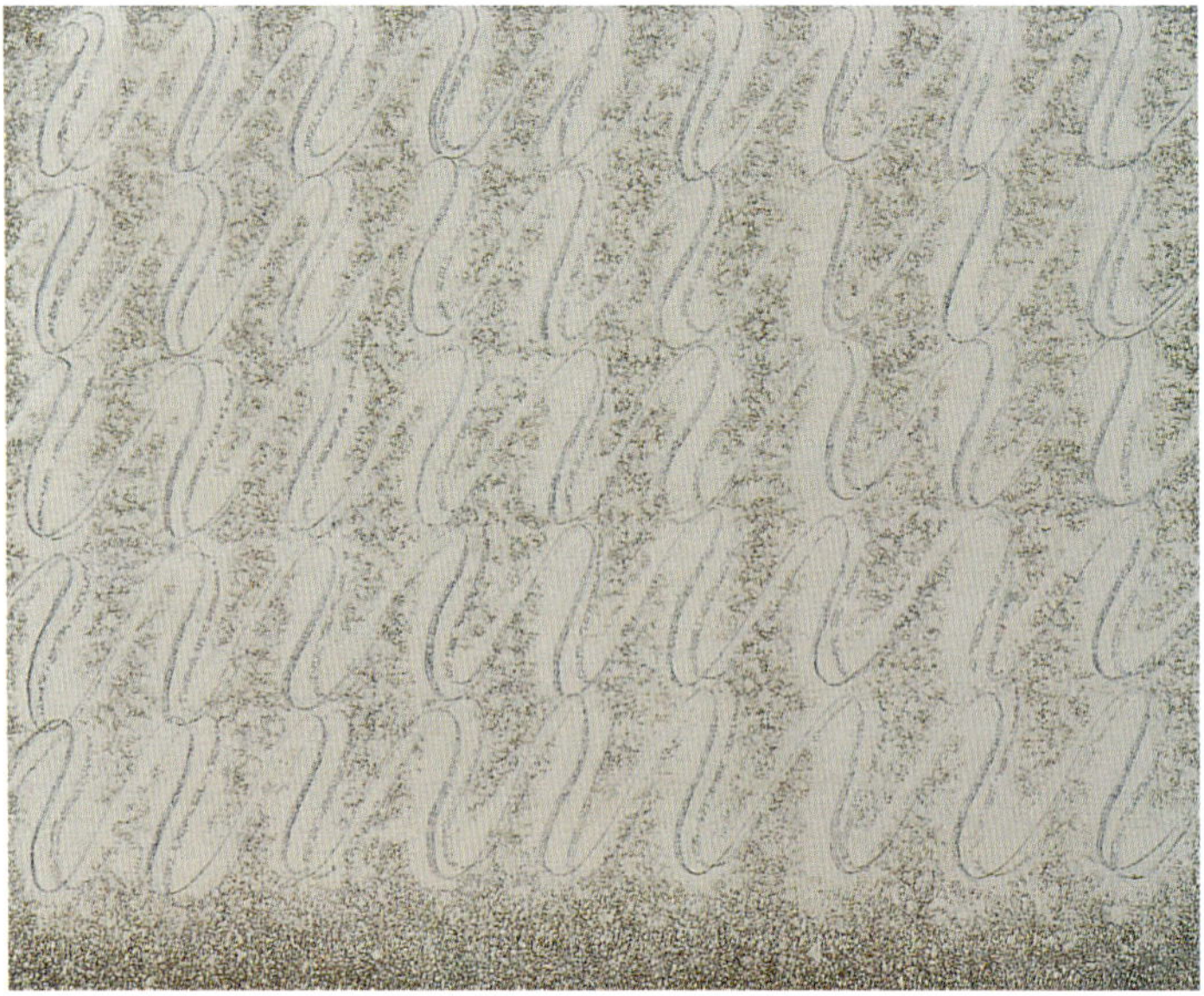

朴栖甫　描法 66-78 1978

朴栖甫氏と共に 2000.3.29

江上越作品　河正雄01　2021

江上越氏と　千葉市美術館エントランスギャラリーにて　2020.12.8

小林孔　コンポジション　1986　釜山市立美術館所蔵河正雄コレクション

関根伸夫　散華 2010-2011　霊岩郡立河正雄美術館所蔵河正雄コレクション

棟方志功　女人　霊岩郡立河正雄美術館所蔵河正雄コレクション

光州市立美術館分館　河正雄美術館

霊岩郡立河正雄美術館

プロローグ

河正雄《ハ・ジョンウン》さんに初めてお目にかかったのは、先が見えないコロナ禍がつづいていた二〇二一年の九月のことだった。

クオン編集部の面々と共に川口のご自宅までうかがったのだが、その当時、私たちが河さんについて知っていたのは、在日二世の実業家で絵画コレクターだということ。そして在日作家の作品を数多く収集していること、光州市立美術館など日韓の公的美術館に絵画作品を寄贈していること……など、ごく断片的なものだった。

ご自宅を訪れて、意外だったのは家の中に絵がほとんど見当たらなかったことである。美術作品のコレクターだということで、きっとご自宅（大豪邸を想像）には数多くの絵が大切に飾られているお部屋があるのでは？　あるいは絵を保管している特別室があるのでは？と勝手に想像していたのだ。

実際、高価な絵画が数多く飾られた大豪邸を想像して訪れる客人も多い。意外に質素に暮らしているのを見て、拍子抜けした客人の様を愉快な気分で眺めるのが河さんのひとつの楽しみとなっている……というような話を後でお聞きした。

通していただいた応接間は、韓国朝鮮の伝統的な工芸品と思われるお膳や家具が置かれていたが、絵は見当たらない。貴重な絵を無造作に飾ったりはしないものなのかな……と思って、ふと見上げた壁に仏像が描かれた油絵が掛けられていた。

明け方、あるいは黄昏の日の光のような、ほのかな柔らかい光の中で祈る仏像が描かれた絵だった。

「あれは全和凰《チョン・ファファン》という画家の『弥勒菩薩』という絵ですよ。私が絵画コレクションを始めるきっかけとなった絵です」とお茶を私たちに勧めながら、河さんは説明を始めた。後に取材を進めるなかで、この絵との出会いが河さんの後半生に大きな影響を及ぼしていったことが明らかになっていくのだが、しかしこの時はまだ事情を知らず、「コレクションされた絵はご自宅では飾られないのですか」と、頭に浮かんだ疑問をそのまま口にした。

「僕は普通のコレクターとは違うのよ。購入した絵を自分の家に並べて飾ろうとは思わない。コレクションのほとんどは、公的な美術館に寄贈してきました」

いきなりの予想もしない答えに驚いた。楽し気に語る河さんだが、その意味することがよく理解できない。

そもそも絵画の蒐集家というのは、好きな絵を愛でるために絵を購入するのではないのだろうか。そうではないなら、なぜコレクションするのか？　自らお金を払って蒐集した絵を美術館に寄贈してしまうとはどういうことなのか？

次々と、さまざまな疑問が沸き上がっていったのを覚えている。


以降何回かお目にかかって、河さんの半生、絵を好きになったきっかけ、そして在日作家の作品を中心に絵の蒐集を始めた経緯など、さまざまなお話をお聞きし、こうした疑問にも答えていただいていくことになる。

八十代半ばを超えているが、河さんは軽やかでエネルギッシュな雰囲気の方である。こちらのさまざまな質問にも、すぐに反応し、次々と言葉が出てくる。

貧困の中で、家族を支えながら、中学高校と通った話、就職できず必死でもがいていた青春時代の話、そしてある出来事がきっかけとなって、事業で成功していく話など、小説のストーリーのような、あるいは映画のような波乱万丈な展開に常に引き込まれた。

やがて河さんが、五十年以上も絵画コレクションを続けていること、蒐集した作品は一万二千余点にものぼることが明らかになる。そのほとんどを日本や韓国の公立美術館に寄贈しているという。個人が寄贈するレベルではない膨大な数の作品である。しかも作品の中には李禹煥《イ・ウファン》といった世界的なアーティストのものも含まれる……といった事実に私たちの驚きと疑問はどんどん大きくなっていった。

いったい、河さんはなぜそこまでするのか⁇
なにが河さんをつき動かしているのか？

この疑問は、何度か河さんのお宅にうかがい、お話を聞いても、すんなりと納得できるような答えを見いだせなかった。経緯については説明を聞いて理解できるのだが、「なぜそこまでして」という点についてはもう一つ理解できない。ただ、河さんが熱い情熱をもって絵を集め、寄贈を続けてきたということは伝わってきた。

お話をお聞きする中、戦前からの朝鮮と日本の関係や植民地時代を生きた人々のことが次第にリアルに感じられるようになっていった。河さんのお話をきっかけに大正から昭和初期の大衆文化を知ったり、当時の社会で注目されていた人物について知り、調べたりといったことも始めた。河さんがコレクションしてきた作家の何人かの人物像の一端にも触れることができた。

結果として、河さんとともに戦前・戦後のさまざまな時代を旅したように感じることも多かった。

そして次第に明らかになってきたのは戦時中の日本に生まれ、戦後は在日二世として、数多くの矛盾や軋轢と立ち向かいながら生きてきた河さんの人生である。さまざまな挫折を経験しながら、河さんが強く希求したこと。それが次第に実体をもつものとして見えてきた。

本書では河さんの生きてきた時代、そこで河さんが経験してきたことを、できるかぎり追体験しながら、「河さんを突き動かしてきた思い」を探っていくようにした。

リアルな戦時中からの歴史、特に在日の人から見た戦後の日本社会は私には理解が至らないことも多く、河さんは話に熱が入ってくると、時にもどかしそうな表情を浮かべることもあった。

しかし、少なくとも河さんが在日二世として戦後の日本社会を生きるなか、河さんの中に醸成された熱き想いには触れることができたと思う。河さんが希求してきたこと、そして惜しくもかなわなかった夢や驚くべき実行力で実現してきた夢を、本書で多くの方と共有したい。

目次

第3章

第4章

第1章

ある画家との出会いから生まれた「祈りの美術館」への夢

戦前に日本に渡ってきた全和凰の作品に感じた深い癒し

河正雄《ハ・ジョンウン》さんがその画家と出会ったのは一九六〇年代後半のこと。当時、河さんは二十代後半、妻の尹昌子《ユン・チャンジャ》さんと三人の子供、そして父の河憲植《ハ・ホンシク》さん、母の金潤金《キム・ユングム》さんと共に川口に暮らしていた。六四年に始めた家電販売店は東京オリンピックが追い風となり、大繁盛し生活に余裕が出て来たころだった。

ある日、以前から好きだった向井潤吉（一九〇一～九五　民家と日本の風土の美を写実的に表現した画家）の絵画作品「民家」を購入しようと新宿のデパートの展示会を訪れる。河さんは子供の頃から絵を描くこと、そして絵を鑑賞することが好きで、中学高校と美術部に所属し、秋田県の県展にも高校生として初の入賞を果たすなど、並々ならぬ画才を発揮していた。

本当は画家の道に進みたかったが、「絵では食べていけない」という母の猛反対を受けて断念したという。社会人となった後も趣味で絵を描き続け、経済的な安定が得られるようになると、好きな画家の作品を度々購入するようになっていた。

「向井潤吉は、日本全国を回り、特に東北地方の古い民家の絵を描き続けた画家で、特に好きな作家だったんですよ。

私にとっては彼の絵は故郷を思い出させるものなんです。馬と一緒に暮らす草ぶきの家で育ったので、向井潤吉の絵を見ると自分が育った秋田の風景が思い出されてとても懐かしい気持ちになる。そんな思い出にひたるために彼の絵を一枚ほしいなと思っていたのです」

見知らぬ画家の弥勒菩薩の絵に引き寄せられて

しかし展示会場に到着すると河さんは向井潤吉の作品の隣にあった絵に目が吸い寄せられる。それが全和凰《チョン・ファファン》の「弥勒菩薩」だった。淡い光の中で祈る弥勒菩薩像が描かれたその作品を見た瞬間に、全和凰がどのような作家かもよく知らないまま、二十四万円で購入していた。今の感覚ではおそらく百万円以上の額となるだろう。

「あれだけ郷愁にかられて向井潤吉の絵を求めていったのに、全和凰さんの絵を見たら、その思いがどこかに飛んでしまった。ひと目見ただけで光を感じたんです。弥勒菩薩の絵は郷愁だけでなく、それまでの私が経験してきたさまざまな苦難の思い出や苦しみも慰めてくれる、癒してくれる……。全さんの描いた弥勒にはそれらを救済する祈りがあった。平和を祈る、幸福を祈る。そういうものが絵の中に秘められているということに惹かれたんです」と熱い口調で語る。

突然「救済」という強く重い言葉が河さんから飛び出し、私たちは少々とまどった。三十路近くで経済的にも安定し、順調な人生を歩んでいたであろう河さんがなぜ、「癒し」や「救済」を求めていたのか？

その思いは何度かお目にかかって、河さんの生い立ちをお聞きするうちに次第に明らかになっていくのだが、戦時中の日本に生まれ、戦後は在日二世として育った河さんの「境涯（河さんがよく使う言葉）」と深くかかわることだった。

「弥勒菩薩」の絵を購入すると、河さんはすぐさま自宅の居間の壁に飾った。ところがこの絵に対して母の潤金さんは激烈に反応した。「こんな気持ち悪い仏の絵をかけないでくれ」とひどく怒ったという。

「僕としてはとても心外だったのですが、母の怒りはおさまらなくてね。『お前は若いのにこういう仏様の絵を飾るようなことでは先が心配だ』と本当にものすごい勢いで怒られました」と河さん。

たしかに働き盛りの長男が「弥勒菩薩」の絵に惹かれる姿は、母親としては少々不吉な感じがしたのかもしれない。事業が軌道に乗るなか、母親としては不安な思いで息子を見守っていたのだろう。

在日二世の若者としてさまざまな不条理を体験

河さんが「癒やし」や「救済」を強く希求するようになったのはなぜか？その背景にある河さんの生い立ちを簡単に紹介しよう。

河正雄さんは一九三九年に布施市森河内、現在の東大阪市に生まれた。両親は共に全羅《チョルラ》南道《ナムド》霊岩《ヨンアム》出身で、それぞれ十代で日本にやってきた。

戦後、一家は秋田の生保内《おぼない》（現在の仙北市）に移り住む。かつて田沢湖畔南東にあった農村だ。

長男の河さんを頭に五人きょうだいがここで育つ。

一家の生保内での暮らしは大変厳しいものだった。父は馬車挽きの荷役の仕事に従事。母はセメント運びや土方仕事をした。朝早くから夕方まで働きに出る両親に代わって河さんが弟妹の世話をしていた。

やがて県立秋田工業高校に進学。家は依然として厳しい経済状態にあったが、母がヤミ米を運ぶ仕事をし、河さんもアルバイトをして学費をまかなった。当時、秋田工業の卒業生のほとんどが大企業などの優良企業へ就職していたことに希望を託しての進学である。しかし優秀な成績を収めていたのにもかかわらず河さんは就職先が全く決まらなかった。在日の青年たちが経験した不条理な就職差別を河さんもいやというほど経験した。

卒業後、単身上京し、苦労しながら日当の職につき、さまざまな挫折を経験しながら、二十代半ばに始めた電気店で大成功した……。

河さんの口からエネルギッシュに語られる生い立ちや青春時代の話は2章、3章を参照していただきたいが、実に波乱万丈だ。辛いエピソード、日本人としては申し訳なく思うエピソードも多いのだが、その語り口に思わずひきつけられてしまう。不条理な状況の中、果敢に運命を切り開いていこうとするジョンウン（正雄）青年の姿は青春の輝かしいストーリーでもあるのだ。

しかし、聞き手に感動を呼び起こす物語だとしても、河さんが幼いころから経験したさまざまな苦労や不条理、そして絶望感は、非常に深く重くつねに河さんの心の中に蓄積していた。それは一家を構え、経済的に豊かな生活を送るようになっても、決して消え去るものではなかった。

「人間って、幸せになればなるほど昔の苦労とかその時の心の闇を思う。そういうことをすべて忘れて能天気でいられる人もいるのかもしれないが、多くの人は違う。むしろ生活がよくなればなったほど昔の辛い経験を思い出すのではないか。私の場合は特にそうでした」と河さん。

心の奥底にあった辛く苦しい記憶が浮かび上がるなか、癒しや救済を強く求めるようになっていたのかもしれない。

そんな河さんの心をとらえたのが全和凰の「弥勒菩薩」だったのである。

「この絵には祈りがある。救いがある。いつかこういう世界が来ることを祈りたいという思いを持ちましたね」と河さん。

日本統治下、悩み深い青春時代を送っていた全和凰

　後になってみれば「弥勒菩薩」の絵と出会い、そして全和凰という画家を知ったことが、河さんの人生の大きな転機となり、五十数年以上も絵画コレクションを続けていくことになるのだが、絵を購入した時点ではもちろん、そのようなことは河さんも全く予想していなかった。

　いや、「弥勒菩薩」を描いた作家がどういう人物なのかもよく知らなかった。ひと目見て絵に魅了され、すぐさま購入してしまったのである。リビングの壁に絵を飾ってから、河さんは全和凰という人物について調べ始めた。

　全和凰は一九〇九年、韓国併合の一年前に平安南道《ピョンアンナムド》安州《アンジュ》、現在の北朝鮮中部に生まれた。早くから画才を発揮し、二十歳で朝鮮美術展に入選し画家となる。しかし、当時、日本の厳しい植民地政策下に生きる多くの朝鮮の若者たちと同様に、彼も深く激しく苦悩する日々

を送っていた。

「日本の憲兵警察の圧力はたいへんなもので、まともな人間生活はできないような状態で、我々朝鮮人はいかに生きるべきか、この問題を解決しないでは絵を描けないと悩みました」と当時の朝鮮の若者たちの思いを全氏はその著書『不二白道』で語っている。

日本人宗教家に感銘を受け、京都で修行生活に

一九三五年、二十六歳の全和凰青年は平壌を訪れていた日本人宗教家で社会奉仕家の西田天香の講演を聞き、深い感銘を受ける。西田の著書『懺悔の生活』も読み、出家を決意。なんと絵筆を捨てて、托鉢行脚の修行を始める。一九三九年には日本に渡り、西田天香が京都に開設していた「一燈園」に入園した。共同生活を営みながらの、修行生活を送り始める。

全和凰が傾倒した西田天香は、日本大百科全書によると「一九〇三年（明治三六）トルストイの『わが宗教』に啓発され、禁欲・奉仕・内省の信仰生活に入った」とある。

一三年（大正二）に托鉢《たくはつ》・奉仕・懺悔《ざんげ》の共同生活を営む「一燈園」を開設（現在も存在）。和辻哲郎や徳富蘆花、倉田百三といった当時の代表的な知識人が西田天香の活動や無所有の思想に強く惹かれ、一燈園を訪れ、滞在している。

二一年（大正一〇）に自身の宗教生活をまとめた随筆『懺悔の生活』が刊行されると、若者たちに熱烈に支持され、大ベストセラーとなる。大正後半から昭和の初めにおいて知識人、そして若者たちに影響を与えた人物だったのだ。

当時日本は第一次世界大戦後の大不況のまっただなかにあり、宰相原敬が随筆集出版と同じ二二年に暗殺されるなど、世の中がきな臭い方向へ向かっていた。社会に絶望し、未来に希望を持てない日本の若者たちの心を強く引き付けるものが西田にはあったのだろう。

しかし、その影響力が植民地だった朝鮮の若者にも及んでいたとは少々意外だった。

「全さんが日本に来るきっかけは戦前の朝鮮と日本の関係にあった。日本の植民地政策に苦悩しながら、西田天香さんに出会って、世の中を浄化していこうという思想に傾倒していく。実際に西田さんは、どぶや公衆便所をきれいにする奉仕団体を組織していました。そういう精神性に惹かれて、日本人ではあったけれど京都まで行って修行したのではないかと思います」と河さんは推測する。

日本統治下の朝鮮で葛藤を抱えた才能ある青年画家が、日本人宗教家に感銘を受けたのをきっかけに、画家の道を捨てて出家し、日本にわたり修行生活を始める……若き全和凰の生き方はとても峻烈だ。

一燈園での修行生活を送るようになった全氏はやがて、西田から絵を再び描くようにと強く勧められる。さらに洋画家・須田国太郎（一八九一〜六一「東西絵画の綜合」をテーマに日本本来の油彩画のありかたを追求した画家）との出会いを経て、全は画家として活動を再開。四一年（昭和十六）には西田を描いた「不二」を制作した。

須田国太郎との出会いは全和凰にとって運命的な出来事であったようで、それが絵筆を再びとる決意をさせたようだ。そして須田から大きな影響も受けながら作風は進化していく。終戦とともに、全は一燈園を退園し、戦後は京都山科の九条山を拠点として、創作活動に励む。退園の理由は不明だが、須田国太郎という師を得て、画業に集中していこうと考えたのかもしれない。

京展賞を受賞した「一燈園風景」、行動美術賞受賞の「群像」をはじめ、「カンナニの埋葬」

「避難民」「アリラン峠」「再会」「ある日の夢・銃殺」（八二年京都市美術館に河さんが寄贈）といった作品を精力的に発表していった。

五〇年代には風景画や人物画に加え、三一独立運動（日本の植民統治下にあった朝鮮で一九年三月一日に起きた独立運動。独立万歳を叫んでデモ行進したため万歳事件ともいわれる）での虐殺場面、六二五動乱（朝鮮戦争）の避難民など祖国の分断、朝鮮民族が受けた苦難とそれに対する怒りをテーマとした作品を多く描いている。

一方、六〇年代に入ると、京都で多くの仏像と出会ったことによって「百済観音」「弥勒菩薩」「阿修羅像」など仏像をモチーフとした作品も描くようになっていった。

こうして戦後もずっと京都に暮らし、創作活動を続けていた全氏の作品と六〇年代後半に河さんは出会ったことになる。

雨漏りのする全和凰の家を訪れ、決意

絵の購入をきっかけに全和凰の半生を知ったことで、河さんの全和凰作品に対する思い入

れはさらに深くなった。在日二世として戦後の日本で生きてきた河さんにとっても、全氏の苦悩に共感できることが多かったのである。

そして全和凰作品の「魂の救済への祈り」をより深く感じるようになったという。「全和凰の作品は私だけでなく、多くの人を癒す力を持っていると感じました」。

さらにその人物と作品を深く知るべきであると考え、全和凰に会いに行く。

初めて河さんが全氏の家を訪ねた時のエピソードはなかなか衝撃的だ。

京都駅に着くと、バケツで水をまいたようなもの凄い雨が降っていた。いまでいうゲリラ豪雨である。一寸先も見えないような土砂降りの雨の中、河さんはずぶぬれになりながら京都・九条山の全和凰の自宅へと向かった。

そこは「自宅兼個人美術館」と聞いてはいたが、実は全和凰が一九六〇年代から約十年の歳月をかけて自力で建てた建築物だった。あちこちから建材等を集め、長い時間をかけながら作りあげられ、次々と継ぎ足されるようにして建てられた「全和凰美術館」を生活の場、アトリエとして使っていたのである。

家の中に入ると、部屋のあちこちから雨漏りがしていた。さらに豪雨のため床には川のように勢いよく雨水が流れていた。

京都・九条山の崖の傾斜地に建てられていたため、崖上から流れてきた雨水がそのまま家の中に入り、さらに屋根からも雨が入ってきていたのである。

このすさまじい状況に河さんは声もなかったが、家の主である全和凰は豪雨に動じることもなく淡々と作品を一点一点見せてくれた。

購入した「弥勒菩薩」のような仏像をモチーフとした作品だけでなく、祖国の開放をテーマにしたような作品も多くあった。この時、河さんは「我が生家」「民家」「避難民」「再会」「ある日の夢・銃殺」といった代表的な作品を見たという。

雨漏りのする家の中で、作品には傷みが目立つものが多かった。このままではいずれは傷みがさらにひどくなり、腐って捨てるしかない状態になってしまう……と危惧した河さんは全和凰作品の保全、そして全和凰をサポートするために、作品のコレクションを決意する。

「全先生は自分の家のことを美術館だと言っておられたけれど、素人が日曜大工で建てた掘っ立て小屋みたいな建物です。絵の保管も適切にはできない。素晴らしい作品の数々は雨にさらされ、やがてはカビが生えて、とどのつまりは捨てなくてはならないことが明らかでした。その時にここにある絵を守るのは私しかないと思いましたね」。

全和凰の絵画作品を誰かが救出して守らなくてはならない。

「弥勒菩薩」との出会いはそうした「啓示」だったのではないかと河さんは思ったそうだ。

「なぜなら、それらの作品は全和凰という画家の激しい生きざまを通して日本と朝鮮との歴史の狭間で生み出された歴史的なものだから。この人の記録を残さなくてはいけないと強く思いました」。

田沢湖周辺に眠る朝鮮人への慰霊の思い

ところで、河さんには自らの救済以上に、以前から強く救済を願うことがあった。戦前戦中に徴用され、日本で亡くなっていった朝鮮の人々のことである。

河さんが育った田沢湖周辺では、戦前に国策の水力発電所建設とそれに伴うダム工事が計画された。発電所やダム建設には「導水路」という水を引くための道が必要で、導水路を作るために朝鮮人が多く徴用されたのである。発電所もダム建設も短期間での完成を求められたため、導水路工事も苛酷な労働環境・生活環境の中で進められた。発破事故や病気や寒さ、栄養失調によって命を落とした人も多かった。

河さんが幼少期から高校卒業まで暮らした田沢湖周辺には徴用中に事故などで犠牲になった朝鮮人が埋葬されたところがいくつもあったという。無縁仏の状態だ。

河さんたち家族が暮らす家の裏側すぐ近くにあった東源寺（曹洞宗）にも数名の朝鮮人が埋葬されていた。

「なんの墓標もありません。寺の無縁塚に合葬されたか、石ころ一個置かれているだけのお墓です。事情を知らなければ、その石が何を示しているのかわからない」。

その石が何を意味し、その場所がどういうところなのかを知っていたのは裏手に住む河さん一家だけ。両親や河さんは無縁仏となっている朝鮮人同胞のお墓に花を手向け、お供物をして供養したという。

「とてもそのままにはしておけなかった。そしていつかこの方々をきちんと弔いたい、慰霊をしたいという思いをずっともっていました」。

家のすぐ近くの寺に同胞が無縁仏として埋葬されていたという事実に言葉を失う。

しかし、その人たちをいったいどのように慰霊すればよいのか。

そこに一筋の光として見えたのが全和凰の「弥勒菩薩」の絵だった。その絵に自らが深く癒されるのを感じた河さんは、全和凰の作品をもって同胞を慰霊すればよいのではないかと思ったという。このときは具体的に何をするという考えはなかった。ただ、昔から願ってきた同胞の慰霊に「弥勒菩薩」の絵が不可欠だと感じたのである。

「弥勒菩薩は一億六千年後にすべてを救済するという仏様だから、きっとすべてを救済してくれるだろうと、絵を見た時、瞬間的に思ったんです」。

ところで、当初「弥勒菩薩」の絵に強烈な拒絶反応を示した母・潤金さんだが、時がたつにつれて絵に対する感じ方も変わっていった。

購入から二年後、仕事から帰宅した河さんは暗い部屋の中で、母が電気もつけず座ってずっと絵を見つめ、合掌している姿を発見した。どうしたのかと聞くと、「ずっとこの絵を見ては祈っていた」という答えが返ってきたという。

全和凰作品の蒐集・修復に情熱を傾けて

全和凰作品を展示する美術館を作りたい……

全和凰の「弥勒菩薩」との出会いによって、河さんの人生は新たな方向へ向けて大きく動き出した。

京都に全氏を訪ねた後、河さんはコツコツと彼の作品を購入し、コレクションしていく。傷みのある作品は修復作業も施し、修復代が作品の購入代よりかかることもあるような蒐集となった。

一九七〇年代に入ったころだ。河さんは体調不良で寝込むこともあり、家電販売店を弟たちに譲り、不動産の賃貸業を始めていた。以前より自由になる時間も増えるなか、全和凰の作品を購入し、そして修復にも力を注いだ。

そして作品の蒐集・修復を始めるうちに、次第に全和凰の作品を展示するための美術館を設立したいという夢を抱くようになった。

河さんからはよく、さらっと驚くような話が出てくる。それがあまりに自然に話されるので、その時はごく当然のように聞いているのだが、後で考えると「なぜそのようなことを?」と驚くエピソードが多い。

「美術館をつくる夢」もその一つである。

全和凰の作品を守るためにコレクションを始めてすぐに、河さんは絵を蒐集して持っているだけでは不十分であることに気づいたという。蒐集した作品や作家の存在を積極的に知らせていかなくてはならない。そのためには作品を展示する場所が必要だ……と考えた。

「美術館を作ろう」という思いには朝鮮人の慰霊のためという目的もあった。徴用されて田沢湖周辺に無縁仏として眠る朝鮮人の方々の慰霊をしなくてならないという思いが強まり、「祈りに満ちた全和凰作品によって亡くなった朝鮮人を慰霊する美術館を設立しよう」という構想が生まれた。

「美術館の場所はやはり多くの無縁仏となった同胞が眠る田沢湖周辺。そして美術館の名前は、祈りの美術館、というイメージが次第に形づくられてきたんですよ」。

最初はまだおぼろげではあったが、田沢湖畔に全和凰作品を展示する「祈りの美術館」をつくるという夢はその後、次第に鮮明な像が結ばれていった
大きな目標が生まれ、全和凰作品の収集にはさらに熱が入っていく。

全和凰のような才能のある作家であっても、在日作家の作品は適正に評価されず、絵もあまり売れない。個展開催も多くはなく、絵の市場価値も高くはない。このためひたすら全和凰の作品を買い求める河さんは美術関係者や周囲の同胞から奇異の目で見られていたようだ。

しかし河さんはまったく意に介せず、全氏の作品のコレクションと修復に力を注いだ。目標は「祈りの美術館」の開設だ。

とはいえ、美術館の開設は当然のことながら個人が気軽にできることではない。

少年時代に画家を志し、美術を愛好してきた河さんだが、美術界と深い関わりがあったわけではなかった。

しかもコレクションした作品を個人的に披露するような「私設美術館」ではなく、朝鮮人の慰霊を掲げ、多くの人が訪れるような公的美術館となると、資金的にも、運営をするノウ

ハウにしても個人、素人の手には余るといわざるをえない。

実際、この後、河さんは美術館設立のために悪戦苦闘していく。お話をうかがい、何度も私たちは「なぜそこまで？」という素朴な疑問も抱きながら、その激しい情熱に圧倒されることになる。

全和凰画業五〇年展を日本と韓国で開催

全和凰作品の蒐集・修復の最初の大きな成果は一九八二年の「全和凰画業五〇年展」として実を結ぶ。河さんが発起人となり東京、京都、ソウル、大邱、光州の五都市で全和凰の個展開催を実現したのだ。「不二」「百済観音」など河さんがコレクションした作品を中心に約八十点の全和凰作品が展示された。

韓国では当初、ソウルの韓国文化芸術振興院での展示だけの予定だったが、反響が大きく大邱、光州での展覧会も加わったという。

実は「全和凰画業五〇年展」は韓国で開催された初の在日作家展でもあった。それまで韓国では在日作家についてはほとんど知られておらず、関心ももたれていなかったのだ。日本でも、全氏が暮らす京都で十九年ぶりとなる回顧展となり、再評価のきっかけとなる個展だった。

五か所で行われた展覧会は、すべて河さんの企画・出資によるものだ。

そこまでしたのはなぜか？

「作品はコレクションするだけではなく、多くの人にその芸術世界を知らせていかなくてはならない。『祈りの美術館』が実現するまでは、まず、日本や韓国で展覧会を開いて、作家の作品とその世界を多くの人に知らせていく必要があると思ったんです」

そのはじめの一歩として全和凰画業五〇年展を自ら企画し、広報活動も行ったのだという。展覧会開催に合わせ「全和凰画集」（求龍堂）の出版にも携わった。こちらは実に展覧会より七年も前、全和凰作品を本格的に蒐集を始めた当初から計画されたもので、百四十六点もの作品（うちカラー百二点）を収録した大冊だ。

画集を見ると植民地時代の朝鮮の町の様子や人々の生活などを題材とした作品も多いことがわかる。

「戦争の孤児」では植民地時代のソウルの街並み、スラム街の様子や当時の朝鮮人の人々の生活が描かれている。全和凰の奥深い作品世界を俯瞰できる素晴らしい画集である。

この画集を河さんはすべて自費で、独力で作った。美術館や美術出版社の関係者でもない、一人の美術コレクターが作ったとは思えない高いレベルの画集だ。

「絵を見せるだけではなくて画集の発行をして、日韓双方で学術交流をすることが大事だと思いました。在日作家でこれだけの画集が出た人はいませんよ、あの時代に。しかも誰からも援助は受けていません」と河さんの声に力がこもる。

本来ならば美術関係者や画家自身、そして日韓関係にかかわる人たちなど、さまざまな専門家が携わるべき仕事である。美術的なセンス、そして展覧会や出版を実現する企画力や実務能力といった複合的な手腕が求められる。そしてなにより実現させようという熱い情熱があったからこそ可能なことだったといえるだろう。

なお、「全和凰画業五〇周年展」と同時期には奇しくも、戦前から活躍していた在日作家・郭仁植《カアク・インシク》の個展も久しぶりに東京で開催された。「全和凰展が引き金になった」と河さんは言う。新聞でもこの二つの美術展が紹介され、ベテランの在日作家に光があたることとなった。コレクター、美術展プロデューサーとしての河さんの力量も知られたのではないだろうか。

郭仁植氏は全和凰の展覧会を訪れており、また同じく在日作家の宋英玉《ソン・ヨンオク》氏も展覧会に足を運んだ。こうしたベテランの在日作家たちと知り合えたことは、その後の河さんの絵画コレクションにも影響を与えていく。

韓国初の在日作家展に注目が集まる

一方韓国では、全和凰展をきっかけに「在日作家」という存在が初めて認識されるようになった。

「それまでは韓国で大々的に個展を開く在日の画家はいなかった。もちろん韓国と日本と両方の国で展覧会を開くということもなかったです。全和凰画業五〇年展が初めてです。この展覧会を通じて日本でも韓国でも在日画家・全和凰が知られるようになった。全和凰だけではありません。韓国ではこの展覧会によって、在日の作家たちに対して目が向けられるようになった。一人の作家に光を当てたことが、韓国人が在日作家に関心を持つ出発点になったわけです。在日との文化交流、特に美術界の交流が盛んになる大きなきっかけとなる展覧会だったと思います」と河さんは誇らしげに語る。

戦後、日本に暮らす朝鮮人は日本国籍をはく奪され、「在日」という存在となり、日本と祖国（韓国）との間で無国籍という不安定なアイデンティティを生きることとなった。河さんもその一人であり、「在日二世」として戦後、祖国の分断、日本社会での差別を体験してきた。祖国や民族の居住地を離れて暮らす国民や民族の集団は近年、「ディアスポラ」と呼ばれるようになっている。戦後、日本と祖国との狭間の中で生きてきた「在日」はまさにディアスポラ的な存在だ。日本と韓国の両国で社会的にも文化的にも異邦人とみなされてきた。「日本で生きるには日本人以上に日本人であることを求められ、韓国では韓国人以上に韓国人になることをもとめられる。それはそのどちらにも存在を認められていない現実を突きつけている」と河さんは「韓国・朝鮮の美を読む」（野間秀樹／白永瑞・編、クオン）で在日について記しているが、こうした在日の特殊な存在の意味を韓国や日本で多くの人に知らせていきたいという思いがあった。

それを最初に具現できたのが全和凰展だったのである。

この展覧会の後、一九八五年には郭仁植の個展「元老作家帰国展」がソウル徳寿宮内の「国立現代美術館徳寿宮館」で開催され、郭仁植は三十九年ぶりに帰国している。

全和凰の個展はその後、九三年と九六年の二回にわたって光州市立美術館において「祈りと求道の芸術―全和凰回顧展」が開催されている。

河さんが同美術館に寄贈した全九十二点を展示する大がかりなものだった。九三年の展覧会に際して、本人も光州市立美術館を訪れる予定だったが、開催を間近にした十月七日に死去。残念ながら、祖国での回顧展を全和凰氏自身が目にすることはなかった。

京都九条山の「全和凰美術館」は本人の死後に荒廃してしまい、二〇一九年に取り壊された。しかし全氏の作品九十二点は、光州市立美術館分館「河正雄美術館」に収蔵、企画展示されている。

慰霊と共に在日画家を顕彰する美術館に……

「全和凰画業五〇年展」は日本、韓国で注目され、在日作家への関心をも高めた。そして、この頃から河さんの美術館の夢は「全和凰を中心に在日画家の作品を集めた美術館」へとコンセプトが変化し始める。

「全さんの個人美術館とするよりも、そのほかの在日作家の作品も加え、より幅広い視点に立った美術館にしていくべきではないかと思い始めたのです。また〝在日作家たちの顕彰〟も祈りの美術館の目的に加えるべきだとも考えるようになりました」。

当時、在日画家の多くは創作活動を続けていても、日本、韓国でほとんど顧みられなかった。在日作家の作品を多くの人に知らせ、正当に評価されるようにしていきたい。そのためには才能ある在日作家の作品を少しずつでも購入してサポートし、いずれは「祈りの美術館」で展示し、その存在を顕彰していきたい……と河さんの夢は広がった。

「私が助けるとか認めてあげるとか、そういう傲慢な意味ではありません。在日画家の美術作品を通して日本や韓国・朝鮮の過去の歴史を振り返り、朝鮮の我々の歴史を回顧する。それが歴史の理解においても最もよい方法なのではないか。そのために在日作家の作品が必要だと思うようになったわけです」。

また、全和凰の展覧会で知り合った宋英玉からの助言を聞き、「祈りの美術館」には「韓日の歴史を記憶し、記録証言する場」という意味もあると考えるようになっていった。

こうして河さんは全和凰氏のコレクションに加えて、在日作家の作品コレクションのために奔走するようになっていく。その奮闘ぶりは4章をご覧いただきたい。

在日画家をサポートするという行動の根底には「絵描きになりたかった」という河さん自身の果たせなかった夢を別の形でかなえたいという思いもあったそうだ。

「自分は絵描きになりたかったのを諦めた。でも在日同胞の中には夢を諦めずに絵を描きつづけている人たちもいる。そういう人たちを応援したかったんですよ」。

「生きている間に天国を見たい」という強い思い

全和凰作品の美術館から、在日作家のコレクションを集めた美術館へ。徴用で亡くなった朝鮮人の慰霊のため、そして在日作家の顕彰のため……。収蔵対象となる作品も、そして美術館設立の目的も広がっていった「祈りの美術館」構想。その実現に向け、河さんは八〇年代に入ると、さらに熱心に突き進んでいく。

なにが河さんをそこまで突き動かしていったのか？

前向きでエネルギッシュな河さんの人間性が影響しているのは確かだろう。

それに加えて、河さんを困難と思われるようなことに立ち向かわせていく原動力となったかもしれないのが、河さんが出会った全和凰の言葉である。

全和凰氏の口癖は「生きている間に天国を見たい」だった。

普通の人は「生きている今を地獄」と感じ「あの世では天国に行きたい」と願う。しかし全氏は違った。

「自分はあの世にいけば地獄に落ちるような生き方しかしてこなかった。そんなにいい人間ではない。だから生きている間に天国を見たい。だから絵を描くんだ」と河さんによく語っていたという。

その言葉は河さんにとっても、すっきりと腑に落ちるものだった。「この世で地獄を余りにも見てしまった」という全氏の言葉に深く共感していたからだ。

「僕もそれに近い考えをもっていたんですよ。それに、あの世のことは誰も知らないでしょ？　地獄に落ちるといっても地獄を見た人はいない。地獄から帰ってきた人もいない。あの世に行って、地獄を見るか天国を見るかなんてだれにもわからない。そんな不確かなものよりも『この世で天国を見たい』という言葉を私は信じる」と河さんは語る。

「生きている間に天国を具現する」

この言葉は河さんにとって人生哲学のひとつとなっていった。なんとしても「祈りの美術館」をこの目で見たい。開館させなくてはならない！　そんな強い思いに河さんは突き動かされ、懸命に活動を続けていくこととなっていく。

第2章

高校卒業を前に、ハ・ジョンウンとして生きる決意をする

戦後日本の厳しい状況下を家族で生きぬいた日々

創氏改名令が施行された年、大阪に生まれる

ここで、少し時間を遡り、河正雄《ハ・ジョンウン》さんの生い立ちについて紹介していきたい。河さんが祈りや救済を強く求める思いを持つようになり、そしてその後、在日作家を中心に美術作品を蒐集するようになった理由は、彼の生い立ち——戦後の日本でどのような環境でどんな経験をしながら、育ってきたかによるところが非常に大きいからだ。

河正雄さんは一九三九年に布施市森河内、現在の東大阪市に生まれた。

この年は創氏改名令が施行された年でもある。

父・河憲植《ハ・ホンシク》氏は二六年、全羅南道霊岩郡《チョルラナムドヨンアム》の貧しい農家の三男として生まれ、十六歳の時に「より豊かな暮らし」を求め日本にやって来た。

母・金潤金《キム・ユングム》さんも同じ霊岩郡出身で、三八年、河憲植氏と結婚するために十八歳で日本に渡ってきた。潤金さんは父を早くに亡くし、母が再婚したため叔母の家に預けられた。小学校にも通わせてもらえず、ひたすら家事労働をする日々を送り、「日本に行ったら幸せに暮らせる」と持ち込まれた縁談に写真も見ずに結婚を決めたという。「大阪で成功した針金工場の社長」ということだったが、当時、憲植氏は大阪の工場で働く労働者だった。

二人は東大阪の長屋で暮らし始め、一年後に河さんが誕生。生まれて間もなく、秋田の生《お》保内（現在の仙北市）にいた母の親戚筋を頼って移り住み、父は木材と木炭運搬の仕事に従事した。

「母は〝こんな雪国は地獄のようだ。生きていけない〟と妹を妊娠中に故郷の霊岩に二歳だった私を連れて帰ったんですよ」と河さん。

霊岩で妹が生まれ、二年が経過すると「早く夫のところへ帰れ」と周りからせかされて子供たちを連れて再び秋田に戻る。潤金さんとしてはそのまま霊岩で生活を続けたかったのかもしれない。しかしそれはかなわず、秋田での辛い生活に戻るしかなかった。終戦間際になると秋田での生活も成り立たず、東大阪市に舞い戻るという「流転の日々」だった。東大阪で三番目の子となる妹が生まれ、弟も生まれ六人家族となり、生活はさらに困窮していく。

日本国籍喪失、在日二世として生きることに

一九四五年、戦争が終わり、祖国が解放されると、両親は故郷に帰る決意をする。すぐに生活道具をまとめて送ったのだが、肝腎の自分たちが乗る船がいつまでも決まらず、結局、改めてゼロから日本でやり直すことになった。

十代で日本に渡ってきた両親は教育を受ける機会がほとんどなく、日本に来てからはひたすら働くばかりで、十分な日本語力を身につけることもできなかった。

そんな二人にとって戦後の日本の生活は、一般の日本人よりもさらに厳しいものとなった。河さんの弟妹が増えていく中、生活は困窮していく。

戦後、日本で暮らしていた朝鮮籍の人のおかれた状況を説明しておくと、日本政府から日本の国籍をはく奪されて、無国籍状態になっていった。

日本統治下の朝鮮人、台湾人は日本国籍を有していたが、四五年に日本支配が終わりそれ

ぞれの国の主権が回復すると、それぞれの国籍を持つようになった。その中にあって日本に暮らしていた朝鮮人、台湾人の立場ははなはだ不安定なものとなったのである。戦争終結の四五年にはすでに選挙権、被選挙権が停止、四七年には外国人登録が必要となる。

そして五二年のサンフランシスコ講和条約発効と共に一律に日本国籍喪失となった。日本国籍を選ぶかあるいは朝鮮籍・中華民国籍を選ぶかといった選択肢は当事者には与えられなかったのである。

その結果六五年に「かつて日本国籍を有していた外国人」に対して「協定永住権」での在留資格を認めることになる（その後九一年に「特別永住権」による在留資格となる）。

こうして戦後、選択肢のないまま不安定な立場に置かれた「在日朝鮮人」が誕生し、三九年生まれの河さんは「在日二世」として育っていくことになった。

貧困の中、一家は親戚を頼って秋田へ

行きづまった生活を立て直すため一家は再び、母・潤金さんの親戚を頼り、秋田に移り住

むことを選択する。四八年、河さんが小学二年生の頃に東大阪から田沢湖の近くの生保内に一家で引っ越した。生保内では末の弟も生まれ、五人きょうだいとなる。

生保内はかつて田沢湖湖畔南東にあった農村だ。

戦時下には田沢湖畔に国策でダムと発電所が建設され、多くの朝鮮人が徴用されて、苛酷な労働によって命を落とした場所であり、河さんたちが暮らした家の近くの東源寺には無縁仏となった名も知れぬ朝鮮人徴用工が葬られた墓地があった。

生保内で父親は馬車挽きの仕事に従事する。山奥から木材を馬車に載せて運び出す苛酷な仕事だった。母はセメント運びや道路工事などの仕事をした。

両親は毎朝六時には働きに出て、帰ってくるのは暗くなってからだった。雨の日以外は休むことなく働いていたという。河さんも小学生の頃から新聞配達をしたりして家計を助け、夜も両親に代わって弟妹の面倒を見ていた。

河さんが働く新聞配達所の店主のところに投書をされたことがあったという。内容は「河本（学校では河本と名乗っていた）の配達は乱暴である。雪や雨でぬれている。辞めさせてください」というクレームで、河さんにとっては覚えのないことだったが店主に注意された。

「するとまた、同じ投文があった。調べてみたら、私の同級生だったんだよね。〝河本は一生懸命働いているのにお前は……〟と父親にいつも叱られていたので私に新聞配達を辞めさせようと投文をしたらしい。そのことが明らかになったのでクビにはならないですみましたけどね」と河さん。

子供のころから貧困と対峙し、その中でさまざまな経験をすることになったわけだが、しかし小中高と学校では楽しく過ごしたようだ。

「在日だということで差別されたり、いじめられたりすることはなかった」という。多くの人から「そんなことはなかったでしょう」と問い返されるそうだが、「いや、本当にいじめられたことはないんです」。

学業優秀で（中学卒業時に代表答辞を務めている）、取材で接するときのような、明るく闊達な雰囲気を持った男の子であったとしたら、クラスでも目立つ人気者だったとしても不思議ではない。学校では「河本正雄」と名乗っていたので、クラスメートたちは特に朝鮮人と思うこともなく河さんと楽しく交流していたのではないだろうか。

家庭訪問に来た担任教師が衝撃を受ける

小学生の頃、担任の教師が家庭訪問に来たことがある。

「雨の日に来てください。父も母も日雇い労働者だから雨の日なら仕事が休みで家にいます、」と先生に伝えたら、本当に雨の日に来たのね。家の中が雨漏りして、あちこちにバケツや盥を置いているのを見て、先生もびっくりしていた」。

担任教師は河さんが在日二世であることを知っていたが、河さんの家の状況や生活の厳しさについては思いが至らず、理解していなかったのである。

父母とも、もともと多弁ではなく、日本語となるとさらに無口にもなる。家庭を訪問した先生との会話も河さんが間に入って通訳して話すしかなかった。

家庭訪問の後、担任教師は河さんを呼び出した。

以前学校での親子面談時に、河さんが両親の言葉をひきとり「こういうことなんです」と通訳して話すのを見て、担任教師は「ずいぶんこまっしゃくれた子供だな」と思ったという。

両親の日本語力などへの理解が及ばなかったのだ。しかし家庭訪問をして「そういうことだったのか」と理解できた。

「学校の先生になりたてで気が付かなかった。すまなかった」と謝罪してくれたという。

小中学校の先生たちによって、絵の魅力を知る

河さんは小学校で絵を描く楽しさを知る。

生保内に引っ越してきたばかりの秋、クラス全員で紅葉の山に出かけて写生をしたときに描いた絵を、先生からことのほか褒められたのがきっかけだ。

「大阪では図工の成績は一番悪かったんですよ。ところが秋田にきて絵を描いたら先生にものすごく褒められた。褒められると人間、興味が出てきて絵が大好きになった」。

その後、絵を描くことは河さんの人生と共にあるようになる。また、絵画作品を鑑賞するのも大きな楽しみとなっていった。

小学生のころはクレヨンや水彩が中心だったが、両親がともに働きに出て夜まで帰ってこ

なかった時に絵を描くのに夢中になり、弟妹の世話や当時、机がほしくて飼っていた豚の餌やりを忘れて、帰ってきた母に厳しく叱られたこともある。絵を描くことは当時の河さんにとって純粋に自分だけの時間であり、ひたすら自分と対話できる貴重な時間だった。なお育てた豚は豚コレラにかかり、机を買う夢は破れた。

やがて、中学に進学すると美術の田口資生先生に絵の才能を高く評価されるようになる。河さんが画材を買うだけの余裕がないことを知ってか、時に先生は自分の家に招いて絵を描かせてくれた。「このように描け」とは絶対に言わず「好きなように描きなさい」と指導する先生だった。

「先生の家で画材を与えられて描いた。おやつを出してくださったり。才能をひっぱりだしてくれるところがありましたね」。

いまの時代では難しくなってしまった先生と生徒との人間的なつながりである。

中学時代の河さんは美術やスポーツの部活動で活躍した。当時秋田県では県内の中学三年生の生徒代表各一名が参加し、数日間合宿を行う「ジュニア・レクリエーション大会」が開催されていた。県内の中学三年生が親睦を深めながら、海水浴や松尾芭蕉のことなど、さまざまなことを学ぶというものだが、河さんも選抜されて参加した。この合宿で、後に直木賞受賞作家となる西木正明氏（二〇二三年十二月死去）と出会って、意気投合する。

西木氏は西明寺中学、河さんは生保内中学。田沢湖をはさんで隣町にあった。この時の出会いについて、西木氏は「大きな目玉と優しい笑顔が印象的であった」と河さんのことを書いている（「河正雄との交流録　善盡美盡」より）。河さんが在日二世であることは知っていたが、あえてその話をすることはなかったようだ。「彼の苦難に思いをいたす知恵も知識もなく、ただ、いい友といっしょにいるという思いがあるだけであった」と当時を振り返っている。それぞれ高校に進学した後も数人のグループで奥羽山脈徒走に行くなど交流を続け、二人は生涯の友人となった。一九八八年に西木氏が『凍れる瞳』で直木賞を受賞した際には河さんも授賞式やレセプションに招かれている。

豊かな生活を求めて日本に渡ってきた父の絶望

中学に上がってからも生活は大変厳しいものだった。

両親は生活のために日々働き、家族全員が顔をそろえる時間は少なかった。

父は仕事をなまけることはなかったが、家でヤケ酒を飲んでいることもあった。豊かになることを目指して十代で日本に渡ってきたが思うようにはいかず、結局は妻の親戚を頼って秋田・生保内に移り住んだ。馬引きの仕事などのきつい労働に従事しているが、とても妻と子供五人を養うことはできない。そういう状況で鬱々とした気持ちを抱えていたのではないだろうか。

「給料を前借して飲むようになってね。親戚の雇い主への前借を私に言いつけるんだよ。お父さんやお母さんが行っても貸してくれなくなっていたけれど、僕が行くと貸してくれたからね」。

勤め先である親戚との間で感情的な行き違いがあると、朝から父親は酒を飲み「今日はストライキだ」とへそを曲げて働きに行かないこともあった。「親戚のおじさんが呼びにきて、酔っ払っている父の様子を見て、『今日は父親の代わりにお前が来て働け』と私を連れていくこともありましたね」。まき割りや炭の出し入れを手伝ったりした。

父に対して腹が立つことはなかった。

「ただ、かわいそうだという気持ちは今もあります。いい酒を飲んでいるわけではない。どれほど辛くてそうしていたかがわかるからです」。

その後、河さんが成人し、経済的に安定して両親や家族を支えられるようになった後も、父は酒を飲み続けることを止めず、最後は脳卒中で倒れて亡くなった。

亡くなる一年前、父憲植さんは「故郷霊岩に帰りたい」と泣いてせがみ、母と連れ立って四十数年ぶりの帰郷を果たした。

「霊岩の人が〝トンビが鷹を生んだ〟と正雄のことを褒めていたよ」と帰国後、憲植さんは河さんに語ったという。

「〝トンビが鷹を生むわけないでしょう。お父さんが鷹だから鷹の子が生まれたんでしょう〟と言ったら、〝そうかな！〟と嬉しそうな顔をしてくれたのが忘れられません」。

未来が見えない生活、厭世観にとらわれることも

充実した中学校生活を送りながら、河さんにとって、日々の生活も、将来も全く希望が見

えない状況にあった。どんなに父母が必死に働き、河さん自身も家計を助けようと働いても、貧困から抜け出す光は一向に見えてこない。父は失意の中、酒に溺れるようになっていく……。明日が見えない中、時としてひどく厭世的な気分に襲われることもあった。

「お父さんはお酒を飲んで暴れるし、両親は夫婦喧嘩ばかりしている。家の中はいつも貧乏のどん底。どうすればいいのかわからない。未来が見えないんだからね」。

ある時、非常に厭世的な気分に襲われ、ふらふらと田沢湖のあたりを徘徊したことがある。別にどうしようと決めていったわけではないが、死への願望が膨らむ中、ただふらふらと歩いていた。

その時に、中学の後輩が「河本さーん」と呼びかけてきた。見ると、ボート屋の息子だった。田沢湖の周囲を歩いているのを遠くから見つけて声をかけてきたという。

「僕のことを慕ってくれている子だったんですよ。『せっかくきたんだからボートにでも乗っていってよ』とボートに乗せてくれた。別にボートに乗る気で田沢湖を歩いていたわけではないけれど、ボートを漕いでいたら厭世的な気分がなくなっちゃった」。

その時の後輩の呼びかけがあったことで、助けられたと思っているという。

本気で死のうと思っていたわけではないが、しかし田沢湖の周りをふらふらと歩くうちに死への願望が高まっていき、危うい状態にあった。あの時後輩が声をかけてくれていなかったら、もしかすると死の誘惑に引きずりこまれていたかもしれない、と感じるという。

「人生にはそういう危うい時があって、誰かに助けられていたりするんですよ」。

高校進学を夢見る中、家に馬が一頭加わる……

高校進学は家庭の経済状況を考え、諦めていた。

一九五〇年代当時、秋田の中学では五十人以上のクラスで高校進学するのは十二、三人で、まだまだ高校進学は一般的ではなかった。地方の中卒者が「金の卵」ともてはやされ、人手不足がおきていた大都市の工場や商店に「集団就職」をしていた時代である。とはいえ、中卒者が就く仕事は単純労働がほとんどで、職種も限られており、その後のチャンスも限られていたのだが。

父親の雇い主である親戚は、成績優秀な河さんに「よい高等学校に行かせてやるからね」と励ましてくれることもあった。「学費は心配するな」と言ってくれていたこともある。だが、河さんが中学三年生になると、高校進学の話は一切出なくなった。

やがて中三の夏、河さんの家の馬小屋に父が引く馬とは別に、もう一頭の馬が入ってきた。「なぜもう一頭いれるのか」と親戚のおじさんに聞くと、「正雄に馬引きをさせるために事前に買っておいた」という答えが返ってきた。

「ああ、私を高等学校に行かせる気はハナからなくて、父と一緒に馬引きをやれという意味だと分かった。その時に高校進学は完全に諦めました」。

この時の絶望はどれほど深いものだったのだろうか。

夏の終りのことだ。以来、ほとんど勉強はしなくなった。

中学の教師が泣きながら説得。工業高校を受験

県立高校の願書締め切りの一週間前、河さんは社会科の教師に職員室に呼び出される。美

術の田口先生と同様に彼のことを非常に買ってくれていた中島昭一郎先生だった。

「なぜ、高校の願書を出さないのか」と問いただされ、家庭の経済状況を話した。すでに父の後を継いで馬引きをやる予定になっていて、馬も家に入っていることを語った。

「すると中島先生がぽったぽったと涙を落とされたんですね。『頼むから高校に行ってくれ』と涙を流しながらおっしゃった。これからの時代、高校にいかないと先が見えない。いまのままでおしまいになってしまう。だから高校だけは行きなさいと」。熱と湿り気が混ざった声で河さんが語る。

家に帰ると母にこのことを伝えた。

「中島先生が涙をこぼしながら高校には行けとおっしゃった。僕のために言ってくれた。だからなんとか高校に行かせてもらえないか」と頼んだという。

じっと聞いていた母は「わかった」と答えたそうだ。学費はヤミ米の商売をしてまかなうという。

こうして河さんはぎりぎりで願書を出し、県立秋田工業高等学校機械科を受験する。夏以降、受験勉強はほとんどしていなかったが、見事合格した。

なぜ工業高校の機械科だったのか？

画家志望の河さんは、実のところ機械にはあまり興味はなかった。しかし機械科に入れば就職に有利であると、中島先生ほか、中学の先生たちの勧めもあって志望を決めたという。

高度経済成長がはじまろうとしていた当時、日本では工業高校卒業生は引く手あまただった。秋田工業高等学校は中でも名門校で，卒業生は大企業、有名企業に就職していたのだ。

「在日二世」への差別があったとしても、技術系なら就職しやすいのではないか？と教師たちは考えたのかもしれない。河さんが工業高校から大きな会社に就職すれば、一家も貧困から脱却できる。

「あのころの将来の夢はまず画家になること。それから新聞記者。弁護士や教師になってみたいと思ったこともありますが、当時は在日ではこうした資格は取れない時代だったので、諦めました」。

コラム

貧しき少年時代のエピソード

経済的に厳しい状況にあった小学校時代は藁草履《わらぞうり》で通学していたそうだ。下駄がほしくても買ってもらえなかった。「ある日下駄が家にあって、買ってくれたのだと思ったら、それは世話になっているお隣へのお中元だと母が言ってね。母を恨みましたね」。

中学に上がると下駄で通学するようになったが、ある時、下駄箱からある生徒の下駄が無くなり、河さんが疑われたことがあるという。下駄をなくした生徒が「河本が履いてきた下駄と同じだから、河本が取ったにちがいない」と先生に訴えたからだった。「それで職員会議が開かれたけれど、社会科の中島昭一郎先生が〝河本に限ってありえない〟と私に問いただすのは止めたそうです。そうしたら後日、運動場の草むらに置き忘れられた下駄が出て来たんだね。それで僕への疑いは解かれた。実はこの話は学校中で噂になっていたそうです。私は何も知らなかったんですよ。すべて解決してから後で知った。知らぬが仏でしたよ」。

戦後の時代、日本人の生活全体がつつましく、地方では下駄で通学が当たり前だったのだ。そして下駄の紛失で河さんに疑いの目が向けられたのは、彼の家の厳しい経済状況を同級生たちも知っていたからだったのか、あるいは在日ということで犯人にされやすい立場だったのか……。悲しく切なくなる話だが、一方で河さんのことを理解し、深く信頼する大人たちがいたことに救いも感じる。

輝かしい高校生活を送りながら、週末はひたすら働く日々

入学早々、高校に美術部を創設し注目の的に

高校生活は中学以上に忙しくなる。

平日は朝五時に起きて生保内の家を出て、五時半の始発に乗り秋田駅に八時半に到着、そこから約三十分かけて学校へ。九時の始業時間にぎりぎり間に合ったそうだ。帰りは、秋田から生保内方面への最終が五時半。この汽車に乗って生保内に八時半についた。

「勉強はすべて汽車の中でした。行きも帰りも予習も復習も全部汽車の中でやる。家で勉強する時間はなかったです。休みの日はアルバイトをしていたしね」。

話を聞くだけでも目が回るようなハードワークな高校生活だが、しかし学校生活は満喫し

た。

なんと入学早々、高校に美術部を創設してしまったのだ。

高校のクラブ活動に美術部がないことを知ると、まず先生たちを説得してまわった。「これからは工業製品にもデザインが大切です。工業高校生も美術的センスを学ぶ機会があったほうがいい。美術部を作りましょう」と新入生の河さんは高校の先生たちに熱弁をふるって説き伏せてしまう。

美術部の創設は認められたが、美術部の顧問になる先生がいない。「電気科の斉藤靖雄先生が趣味で日本画を描いていたなあ」という担任教師の言葉に、すぐに顧問をお願いしにいった。先生も嬉しそうに「いいよ、やるよ」と引き受けてくれた……、意気揚々とした一年生の河さんが目に浮かぶ。

新設美術部の部員を募集するといきなり三十六名が集まった。しかも全校千五百名中わずか三名しかいなかった女子生徒が全員入部したため、学校中で注目されたという。「女子がそろって入部したので、〝それが目当てだったのか？〟とクラスメートたちからも冷やかされましたね」と河さんは笑う。

絵の才能も開花、高校生初の県展受賞を果たす

創設した美術部で絵を描き続けながら、中学の美術の田口先生との縁も続き、時々先生の家に招かれて絵を描いていた。そんな中、河さんの描いた「山間の田園」を先生が県展に応募したところ、受賞作品に選出された。高校生初の受賞ということで、新聞記事にもなって話題になった。「新聞に出たぞ」と先生から連絡をもらって初めて、自分の絵が県展に応募されていたこと自体を知ったそうだ。

「生保内の山奥に小さな田んぼがあったんですよ。稲を植える前に農夫が馬を引いて田を耕していた。田の水に映っている木や山間の雰囲気、小さな空間ではあるが農作業の雰囲気を描いたのが認められたんでしょうね」。

県展の常連だったが受賞歴はなかったという先生から「今日からはお前がおれの先生だ」と言われ、それが大きな励みにもなった。

秋田県の高校展にも出品し、高校三年生の時には秋田県教育委員長賞を受賞した。『秋の

スケッチ』という作品だった。

河さんの絵への興味はさらに高まり、画家になりたいという思いはますます強くなっていった。

さらに河さんの「活躍」は続く。

三年生になると秋田市内の美術部のある高校八校の連盟に加わり、その会長を務めることになった。

「高校連盟展」の開催を企画して秋田市の木内デパートの女性社長に交渉し、デパートで展覧会を開催したこともある。人を巻き込んでいく企画センスはすでに高校生時代から発揮されていたようだ。

「同じ展覧会をやるなら一流の場でやろうと。連盟の顧問である武塙祐吉秋田市長にお願いしてデパートでの開催が実現した。こういう時に僕はとても前向きなんだよ。自分一人でできないことは、いろいろな人たちの力を借りてやるということはこのころからわかっていたね」。

週末はヤミ米運びを手伝い、そのまま学校へ

充実した楽しい高校生活が送れたのは、しかし母親がヤミ米を東京に運ぶ商売をして学費をまかなってくれたからだった。家計を助けるため、河さんも中学時代以上にアルバイトに精を出した。

「春は五時、六時に起きて山に入って筍をとって、八百屋さんにおろすんですよ。それで一回二百円くらい稼いだかな。季節によっては蕨採りやゼンマイ採りもしました。そのほか仙岩峠へのセメント運びや道路の地ならしもした。最低でも百五十円、だいたい百八十円から二百円くらいもらえたかな。お金になることならなんでもしましたね」。

週末には母のヤミ米運びを手伝うことが多かった。母と共に土曜の夜行で秋田から赤羽へ行き、ヤミ米を渡し、そして日曜の夜行に乗って月曜の朝一番に秋田に到着。そのまま学校に通った。

「列車の中はヤミ米屋さんばかりで、お米だらけでしたよ」。

河さんが高校に進学したのは一九五六年。戦後十年がたっており、ヤミ米ももう少なくなっているのではないのか？　と疑問に思ったのだが、終戦直後の餓死者が出るような食糧難はおさまっていたものの、五〇年代半ばの日本の食糧事情は厳しく、東北の農村からヤミ米が都市部へと流通していた。

河さんが高校入学する前年の五五年には大宮上野駅間で大規模一斉摘発があり、六百俵が押収されている。ヤミ米はまだまだ必要とされる状況だったのだ。

ヤミ米を運ぶ人々が恐れる摘発は、途中の宇都宮駅で情報が入ってきたそうだ。「今日は摘発が入るらしい」となると、大宮や宇都宮で米をおろすこともあった。間に合わず摘発されそうだとなったら、証拠をなくすため米を捨てる運び人もいたというが、母は絶対に米を捨てることはなかった。

赤羽駅で摘発され、お米を没収されたことも何度かある。母が捕まった時に、駅員が「ここから逃げろ」と河さんをそっと逃がしてくれたこともあった。

たいていは摘発されても、すぐ開放されたが、一度だけ母親がヤミ米を運びにいって二週間近く、家に戻ってこないことがあった。河さんが同行していないときだった。心配して河さんは赤羽まで行き、ヤミ米仲間から「赤羽署に捕まっているらしい」という情報を教えてもらう。赤羽署まで行くと、母が留置されていた。

何も話さず完全に黙秘したため留置が長くなってしまったのだった。話せば、秋田の農家にも、東京のお米を買う側にも迷惑がかかるからと、ひと言も話さなかったのである。

「警察署で会った母さんは、栄養失調のため目がくぼんで骸骨みたいに痩せていてね。今でもあの時の母の顔は忘れられませんね」と河さん。

「兄弟五人いて母がいなかったら困るから出してほしい」と訴えなんとか釈放された。

釈放時に本人が署名しなくてはならない書類があった。しかし母は学校に通っておらず、日本に来てから日本語を学習する機会もなかったため、自分の名前が書けない。「僕が代筆します」と河さんがいったら、「しょうがねえな」といいながら書かされた。

その後、秋田に帰ってから角館にある検察庁に母は出頭し、罰金五百円を払った。

「私が一緒に行ったんだけど、若い検察官が威張った感じで出てきてね。『おめーのことか、こざかしいわらし子というのは』と私に言った。人情もなにもない冷たい若造だったたね。あおーいキュウリみたいな男。絶対忘れない。今から七十年近く前のことだけど。多分、赤羽署からの調書に私が母の引き取り人で、そのほか備考欄に何か書いてあったんでしょう。検察庁での署名も母に変わって代筆しました。同時に社会はこういうふうになっているんだ、こんな態度で人を見ているということがすごくよくわかった」。

罰金は河さんが新聞配達や筍とりなどさまざまなアルバイトをして捻出した。

「ヤミ米の買出しでなじみになった農家が、母の手伝いをする孝行息子にご褒美だと言って、小遣いをくれたこともありました。農家も大変だったはずなんですが」。

高校ではお坊ちゃまだと誤解されていた？

学生生活を送りながら河さんが必死でお金を稼いでいるといった事情は高校の教師も同級生も誰も知らなかった。

入学早々、学校を説得して美術部を創設し、作品は高校展に入賞、県展でも高校生初の入賞を果たしていて、同級生たちからすると河さんは青春を謳歌する輝かしくカッコいい存在だっただろう。

高校でも河本正雄を名乗っており、河さんが在日二世であることは、クラスメートたちは知らなかった。ましてや、家の経済状況や休日はさまざまなアルバイトをし、ヤミ米運びを手伝っているとは想像すらできなかっただろう。

むしろ、同級生たちからはお金持のお坊ちゃんだと誤解されていたようである。というのも母が、高校入学のお祝いに、宇都宮の洋服店から飛び切り上等な仕立ての学生服を買って着せてくれていたからだ。

さらに駅の売店でチョコレートを買って食べている姿をクラスメートに目撃されることもあり、「ブルジョワなお坊ちゃま」説が広まった。

「当時チョコレートはぜいたく品で、子供が買って食べるものではなかった。でも、僕はアルバイトをしているから、自由に使えるお金が普通の中・高校生よりはあったんですよ。毎日忙しかったあのころの私にとって、一番の楽しみは牛乳やチョコレートを買って食べることだったんだけどね」。

母親がヤミ米商売で稼いだお金や自分のアルバイトで稼いだお金はすべて預かって、それで生活のやりくりをしていた。中・高校生にして家計を預かる身だったのだ。弟妹の食事や必要なものなどすべてのやりくりをしていたので、経済観念がとても発達したという。

お洒落にも気を遣い、高校生時代から柳屋の整髪料も使っていたというから当時としては「早熟でカッコつけた男子高校生」だろう（八十代の今も髪の毛がふさふさ黒々なのは整髪料を使ってきたからというのが河さんの持論だ）。

河さんの口から語られる高校生活は当時の青春映画さながらで、眩しく楽しい。

裕福なお坊ちゃまが実は貧乏で、アルバイトで働いてお金を稼いでいる……、というのは、ペ・ヨンジュン主演の『愛の群像』のような少し前の韓国ドラマによくあった設定だが、まさにそれを地で行っていたわけだ。

しかし現実には厳しい生活があった。華やかな高校生活の一方で、家計は相変わらず厳しかった。

学校での河さんと、両親や弟妹と暮らす河さんとの激しいギャップ。

青春ドラマ、韓流ドラマのような二重生活は痛快でもある。しかし、一方でクラスメートの誰にも伝えられない、担任教師も想像が及ばない生活を送っていた孤独の深さを思ってしまう。

十代の頃の河さんがどう感じていたのかはわからないのだが。

在日二世の河さんを採用する会社は一社も現れなかった

そして、高校を卒業する時期が近づいていく。

高校でも絵を描き続けていた河さんは、本当は画家を目指していきたかった。しかし、ヤミ米を運びながら学費を捻出してくれている母親は「絵では飯は食べられない」と強く反対した。もともと工業高校の機械科に進学したのも就職に有利という周囲の大人たちのアドバイスがあったからだ。

「機械関連にはあまり興味はなかったけれど、それなら商業デザイン、工業デザインといった方向で仕事ができないかと思うようになっていました。デザインがちょうど注目される時代だったから」。

機械科で学んだことと商業デザイン、工業デザインには関連はないが、画家を目指していた本人としては、美術的なセンスが生かせる仕事につきたいという思いが強かったのだろう。

しかし高校三年生になって、就職活動の時期を迎えても就職先は全く決まらなかった。当時の秋田工業高校は高校三年の六月には内定でほとんどの生徒の就職先が決まっていた。ちょうど「なべ底景気」で日本全体は就職難だったが、秋田工業高校は景気の影響を全く受けなかったのである。その中で河さんだけが決まらない。

「僕以外は六月に就職先が決まって、でも僕は卒業間際になっても一社も決まりませんでした」

成績優秀にも関わらず就職できない理由。それは在日二世で、貧困家庭であるということしか考えられなかった。

名門の工業高校から大企業に就職して生活を安定させ、弟妹たちなど家族を養っていく、というのが河さんの目的だったはずだ。母もそれを応援するためにヤミ米を運ぶ仕事を続けてくれた。

それにもかかわらず、在日であるために全く就職先が決まらなかった時の若者が感じた絶望感、怒りはどれほどのものだっただろうか。

当時の日本社会における在日差別はそこまで酷いものだったのか、と衝撃を覚える。日本社会で在日二世の若者たちがいかに生きづらかったのかが、ひしひしと伝わってくる。

高校から紹介された就職先は固辞し、商業デザイナーを志す

高校側も心配し、同時に就職率百パーセント校を達成することを目指して河さんの就職先を探してくれた。その結果、東京にある自動運搬機の会社を紹介された。同校出身者が創業した会社だった。

「ベルトコンベアーやエレベーター、エスカレーターといった運搬機の設計をする仕事。あまりやりたくはない仕事でした。そのころは商業デザインといった美術方向で仕事をしたいと思っていましたからね。でも就職先として学校側が用意してくれたので、一週間会社の様子を見に行かせてくださいとお願いしたんです」。

結局、工業デザイン、商業デザインの仕事につきたいという思いは捨てられず、その会社には入社しなかった。

「会社訪問をしていた一週間、社長はとても親切にしてくれて、お昼は毎日社長室で天丼や

お寿司を御馳走してもらいました。秋田では天ぷらもお寿司も食べたことがない生活だったのに。なんだか申し訳なくて、高校三年の時に秋田で教育長賞をもらった絵をおいていきました。その絵をどうされたかはわからないけどね」。

十年ほどたってから、高校側が紹介してくれた就職先は二代前の校長が保証人になってくれていたことを知る。

「大井潔校長という方だったんですが、東京文京区の御宅を一度お訪ねしました」。

訪ねる少し前に大井先生は亡くなられていたが、夫人からお話を聞くことができた。

「大井先生はクリスチャンで、私の就職先が見つからないことをとても心配されて保証人になってくれたことを知りました。結局紹介していただいた会社に就職はしなかったし、先生にもお会いしたことはなかったけれど、さまざまな人が実は陰で私を守ってくれていたんだと思いましたよ」。

クリスチャンなのでご自宅に仏壇はない。大学の医学部に献体しており、遺骨もなく、ろうそくと遺影が置かれた机があった。

「献体したので三年は戻りませんと奥様がおっしゃってましたね。立派な方だったんだなと思い、お祈りを捧げさせていただきました」。

ハ・ジョンウンとして生きていく決意で臨んだ卒業式

一九五九年三月、河さんは秋田工業高等学校を卒業する。就職先は卒業ぎりぎりまで決まらず、仕方なく、民団（在日大韓民国民団）の文教局に手紙を書いて就職先の紹介を依頼し、同胞が営む電気器具メーカーで日払いで働くことがなんとか決まった。

そして卒業証書は「本籍朝鮮　ハ・ジョンウン（河正雄）」と書いてもらった。

学校は卒業生の住所録も作ったがその名前もすべてハ・ジョンウン（河正雄）にしてもらった。

同級生がそれを見て「おい、河本の本の字が抜けているぞ?」と言ったそうだ。

卒業式の日になって、クラスメートたちは初めて彼が在日二世のハ・ジョンウンであることを知った。

「朝鮮人だということで就職差別をされる。工業高校に入ったときは、ここなら有名な一流企業に入れると思ったけれど、結局差別された。だったら、自分が何者かきちっと出して、本当の名前で生きていこうと。そのことで苦労するのは覚悟の上でした」。

「自分の出自を隠さず、本名で堂々と生きていく」――これからの人生を生きていく上での、河さんの決意表明であり、日本社会に対する宣言だった。

第3章

在日二世として戦後日本を生きる
～青春編～

商業デザイナーを目指し、もがく日々

高校卒業直前に、民団の紹介で就職先を見つける

卒業式に出たその晩、夜行列車で河さんは東京へと向かった。

当時の秋田からの夜行列車には、東京などの都市部の工場や商店に就職する中学を卒業したばかりの若者も大勢乗っていただろう。一九五〇年代半ばくらいから「集団就職」が本格的に開始していたはずだ。高度成長期の都会の人手不足を解消するため、東北など地方の中学を卒業した少年少女が「金の卵」と呼ばれて都市部に就職していった。多くは単純労働に従事したとされる。

高卒生たちも夜行列車に乗っていたが、こちらは都市の企業へ就職する者たちが多かった。そして河さんは上京を前に、必死で就職先を探し求めた。

画家を目指したいという強い思いを依然抱えながら、美術的才能が生かせそうなデザインで身を立てようと模索した。これからデザイナーは商業・工業において重要な役割を果たすだろうと確信し、その仕事をやってみたかった。

そこで民団（在日本大韓民国民団）の中央本部に手紙を出す。

「仕事を探しています。商業デザインの仕事をさせてくれる在日の会社を紹介していただけないですか」。率直に希望を書いて問い合わせたところ、武蔵小山にある明工社という配線機器メーカーを紹介された。

未経験者の河さんに商業デザインの仕事をさせてくれるという。ただし月給ではなく日払いだった。日給二百六十円。月収にして約六千円程度だ。

「ニコヨンと同じような額でしたね。向こうも商業デザインのデザイナーとして、ものになるかどうかわからないから、日給にしたんでしょう。民団からの紹介だから一応使うかという感じでした」。

四九年に東京都が定めた日雇い労働者の最低日給が二百四十円。ここから日雇い労働者のことをニコヨンと呼ぶようになった。それから十年後の日給二百六十円は恐らく最低賃金以下だったのではないか。

昼は商業デザインの仕事をし、夜は学校でデザインを学ぶ

上京後、目黒の柿の木坂の下宿から武蔵小山の配線機器メーカーの明工社に通い、働き始めた。

明工社は約束通り、河さんに商業デザインの仕事を任せた。会社のマークや商標、製品パンフレットなどのデザインなどをしたそうだ。

商業デザインについて学んだことはなかったが、まずは見よう見まねで、独学で取り組んだ。そして本格的に商業デザインを学ぶため代々木の日本デザインスクール（現・日本デザイン福祉専門学校）に夜、通い始める。一九五八年に開校したばかりで、商業デザイン・工業デザインが学べる時代の先端をいく学校だった。

しばらくして、河さんは川口の建売住宅に移り住むようになる。母が買い求めた住宅だ。ヤミ米商売の得意先である川口の鋳物工場のオーナーが敷地内に分譲した建売住宅を、米代

とのバーターで手に入れることができたという。

川口から武蔵小山の会社まではバスと電車だが、バス代を出す余裕がなく朝六時に起きて川口から赤羽まで歩き、そこから電車に乗った。仕事が終わると夜は代々木にある日本デザインスクールで学ぶ。川口まで帰ると夜十時だった。

「ここで学んだことは非常に役に立ちましたね。日本のデザインの始まりという時期で、著名な商業デザイナーや工業デザイナーが出てきたころ。学校にも亀倉雄策や横尾忠則が客員で教えにきていた。当時はすごい人だということは知らなかったんだけどね。とてもいい勉強ができたと思う」。最先端をいくデザインの勉強をして、いずれは商業デザインで身を立てよう……と高校を出たばかりの河さんは頑張った。

月収六千円のうち三千円がデザインスクールの学費として消えていった。実質月三千円でやりくりをする生活を送っていた河さんだが、休みの日には同郷の女性とデートをするといったこともあったという。

「中学時代に好きになった女の子がいたんですよ。彼女は秋田工業高校の近くにあった有名な県立女子校に進学してね。才色兼備が集まる女子校です。バスや汽車で一緒になることがあった。そういうときにちょっと話をしたりして、だんだん親しくなった。淡い初恋ですね」。

高校を卒業すると彼女は東京の有名企業に就職し、社長秘書になった。

デートの待ち合わせ場所はいつも銀座の風月堂だった。河さんの当時の収入からするとかなり厳しかったはずだが、お金はなくてもデートは気張っていた。

しかしある日、いつものように風月堂で待っていたところ、彼女が一時間たっても現れない。

「ちゃんと時間通りに来る人が来ない。二時間待ったけれど、結局来なかった」。

スマホはもちろん、電話がない家も多かった時代である。河さんは意地を張って自分からは連絡をしなかった。その後、手紙がくるか、あるいは勤め先に電話が来るかと思ったが、彼女からの連絡はなかった。淡い初恋はそのまま消えた。

過労と栄養失調で失明の危機に

生活は高校時代以上に苛酷だった。朝六時に起きて会社に向かい、夜はデザインスクールで学んだあと帰宅。昼食はコッペパンと牛乳か、あるいはコッペパンにジャムを塗っただけのものどちらかだった。牛乳とジャムの両方を買うにはお金が足りなかったのである。月三千円でやりくりする生活は文字通りぎりぎりで、河さんはどんどん痩せていき、ついに目が見えなくなってしまう。働き出して一年ほどたつころだった。

「目が見えなくなった」という河さんの言葉を聞いて、一瞬意味がわからなかった。かすみ目だろうか？　あるいは網膜剥離を起こしたのかと思ったが、文字通り目が見えなくなったという。

原因は栄養失調と疲労によるものと診断された。生存が脅かされかねない生活を送っていたということだ。

「夜も昼も仕事して勉強して、食事は最低限のもの。私はやるとなったら必ずやり通すから、そんな状況でもこらえてやっていたんだけど、最後はダウンしてしまった」。

田沢湖からは母が飛んできて、順天堂大学病院に入院することになった。会社からは解雇された。入院したことを知らせても、お見舞いの電話一本かかってこなかったという。病院に見舞いに訪れる人もいなかった。

入院とその後の通院は三カ月に及んだ。治療は栄養補給の点滴など。こうして十分に休息すると、視力はやがてもとに戻った。

入院代は約十万円になった。これまでの河さんの話からすると、とても出せる額ではない。いったいどうしたのか？　青森の八戸でパチンコ店を経営していた父方の親戚を頼ったという。いきなりこれまで登場したことがなかった父方の親戚の話が出てきて、私たちは少々戸惑った。

八戸の親戚は「これで直せ」とすぐお金を送ってくれた。当時の十万円は現在だったら百万円を超えるのではないだろうか？　緊急時とはいえ、それだけのお金を貸してくれる親戚がいたのなら、以前からもっと頼ってもよかったのではないか……とも私たちは思った。しかし、それは甘い考え方のようだった。裕福な親戚がいたからといってそうそう頼ることはできない。状況をどうすることもできない……と河さんたちは考えていたようだ。

「結局は自分の意志で踏ん張って、人生の困難を乗り越えていく。それによってその後の自分があるんですよ。親戚に頼ったのはあの時の一度だけです」。

八戸の親戚には、その後河さんが電気店を始め、ようやくお金に余裕ができたときに返しに行った。

「その時におじさんがびっくりしてね。『お前にあげたつもりなのに、なんで返しにきたんだ』って。おじさんは裕福だったから、あちこちから金を貸してくれと頼まれることが多くてね。親戚もくるし周りの人も頼みにくる。そういう人たちの面倒を見てきたけれど『金を返しに来たのはお前が初めてだ』と褒めてくれた。嬉しかったし、誇らしかったですね」。

挫折を経験し、川口の総連事務所で働き始める

日本社会に絶望し、北朝鮮に渡ることを本気で考える

視力が回復し、退院した河さんは川口の家に戻った。しかし職を失い、デザインの勉強も中途で辞めることになり、商業デザインで身を立てる計画も振り出しに戻ってしまっていた。行き場がなく、今後どうしようか悩んでいるときに、河さんの心に芽生えたのは「北に行く」という選択肢だ。

在日朝鮮人とその家族の北朝鮮（朝鮮民主主義人民共和国）への帰還事業は一九五九年から盛んにおこなわれるようになっていた。

最初に「北朝鮮へいく」ことについて考えたのは、前年の伊勢湾台風（五九年九月）が襲来した時だった。日本全国に大きな被害をもたらしたこの台風で、川口の家も被害をうけた。

荒川が氾濫したため、家じゅうが水浸しとなり、押し入れの下段あたりまで水が上がってきたそうだ。家は当時、水害被害が多かった芝川沿いにあった。

水害で家の中がめちゃくちゃになって困っていたところにやってきてくれたのが、朝鮮総連の人だったという。ボートで慰問のお米を届けに来てくれた。在日朝鮮人が住んでいるところを調べて、一軒一軒回っていたのだ。

家に一人でいた河さんに総連の職員はいろいろ話しかけてきた。河さんも、「デザインで身を立てたいと思っているが、なかなかうまくいかない。生活も苦しい」という身の上話をしたという。すると「北朝鮮に帰ったらどうだ」と勧められたのである。

「北に帰ったら天国だ。家もくれるし、美術大学にも行ける。病気も直してくれる」と言われ、心が動いたという。

病気をして、未来への展望も失った中、これまで自分に起きたことを振り返ると、北に行くしか道はないような気がしたのである。よい会社に就職ができることを期待して、母にも大変な負担をかけて名門工業高校に通ったものの、結局、在日への差別で就職はできなかった。なんとか見つけた在日系の会社で、商業デザインで身を立てようと頑張ったが、無理がたたって体を壊し仕事も失った……。現実を変えようとこれまで全力でもがき頑張ってきたが、何一つ報われない。河さんはそんな日本社会に絶望していた。

戦後、日本に渡り、画家として活動していた曺良奎《チョ・ヤンギュ》（詳しくは後述）も六〇年に新天地を求め、北朝鮮に渡っている。新人洋画家の登竜門・安井賞の候補にも挙げられたことのある曺良奎は、河さんにとって、憧れの存在だったが、その存在も日本社会に絶望し、去ってしまった……。こうした中で、「北へ行こう」という河さんの思いは日増しに強くなっていったのだ。

五〇年代末から六〇年代の帰国事業では、日本での生活苦や差別からの脱却を目指し、「天国のような国」と言われた北朝鮮に希望を託して渡った人は十万人近くいた。

しばらく悩んだあと、河さんは川口の総連事務所に出向き北朝鮮に行くための手続きをしたいと伝えた。すると幹部らしき人から「帰ることはいつでもできるから、少しここで働かないか」と声をかけられる。

当時川口には在日朝鮮人が千二、三百人くらい暮らしていた。その中には衛生事業（くみとり屋さん）や屑鉄屋を営む人も多く、協同組合などを作ってその人たちの権益を守る必要があった。こうした仕事を手伝ってほしいと言われたのである。

「帰りたければいつでも帰してあげる。だが、今はここで同胞たちのために働かないか。本国で国のために働くのもここで同胞のために働くのも同じ愛国事業だ」と言われ、六一年から総連事務所で働きだす。北朝鮮に行く話はそのまま立ち消えになった。

「僕の下に四人弟妹がいる。まだみんな学生で、長男の僕が北朝鮮にいってしまったら、今後、誰が彼らの面倒をみるのかという問題もあって踏みとどまりました」と河さん。

帰還事業では約九万三千人が永住帰国している。希望や使命感を胸に北朝鮮に渡った人たちのその後の苛酷な運命は、さまざまな形で明らかになってきている。芸術家も多くが粛清されており、曺良奎も粛清されたと推定されている。

河さんがこの時、北朝鮮にいっていたら、どんな運命が待っていたのか。この時、引き留められ、仕事に誘われなかったら、河さんは全く別な人生を歩んでいただろう。

総連事務所で有能なスタッフとして活躍

悩みながらも、河さんは一九六一年に総連事務所の職員という職を得た。商工会や協同組合の設立や、警察・税務署・市役所などの手続き関連のサポート、さらに銑鉄輸入の貿易関連の手続業務などに携わった。川口に暮らす在日一世は日本語力が十分ではない人が多く、彼らの手伝いをすることにも生きがいを感じた。

本来目指していた商業デザインの仕事とは全く違う、実務的・社会的な仕事だ。さらに中学生時代から目指していた画家とは遠く離れた世界だが、実は、ここで河さんはその高い実務能力を発揮する。

川口は江戸時代から鋳物産業が盛んな街で、戦後は朝鮮戦争による鋳物景気が起きていた。川口の総連事務所は北朝鮮やソ連から銑鉄の原料を輸入し、川口の鋳物協同組合に売って、大きな利益を上げていた。

「船一隻借りて輸入した銑鉄を晴海埠頭からトラック何十台で毎日川口まで運ぶ。まるで商社のような仕事をしていました。扱う金額は数千万円。自分の給料は一万円、一番高い時で一万二千円だったけれどね（笑）」。

経営に関しては事務所のトップたちが行うにせよ、原材料を卸したり、管理したり、組合員に分配したり、その代金を集金するといった実務はすべて河さんが動かしたという。

「まだ車もあまりなかった時代だから、自転車で集金して回りましたね。私を信用して、金庫の中に手形があるからそこから集金していけといった人もいましたよ」。

河さんはビジネス関連の実務も商取引や貿易関係の事務手続きも学んだことはなく、総連事務所で働くようになってから学んでいった。

「ただ、小学生のころからいろいろなアルバイトをしたし、筍を採って売ったりとか、さまざまな経験をして、世の中というのはこうなっている、ということを肌で学んでいたからね。高校時代には、デパートと交渉して高校生の絵画展も開いているし。ビジネスの感覚はなんとなく身についていたんですよ」。

仕事についた六一年の秋には、総連事務所に映画のロケ協力の依頼が入り、河さんが対応することになる。浦山桐郎監督の『キューポラのある街』だ。

鋳物工場の溶解炉（キューポラ）の煙突が林立する川口市を舞台とした吉永小百合主演の青春ドラマで、家族の衝突、貧困、在日朝鮮人の問題などが描かれた名作だ。

総連は北朝鮮への帰国家族を川口駅で送るシーンなどの撮影に協力することになり、河さんはロケのため百人以上のエキストラを集め、見送りのシーンで歌う歌（金日成将軍の歌）や伴奏するアコーディオンの練習、旗を振る練習などを事務所の二階で行った。

「エキストラで集めた同胞に入れ替わり立ち代わり、毎晩のように事務所の二階に来てもらって練習しましたね。十条の朝鮮学校の先生方にも協力してもらって。こういうのを仕切るのは得意。うってつけなんです」と少し得意げに語る。

本来目指していた仕事ではなかったのだろうが、総連事務所で河さんはその能力を思う存分発揮しはじめる。地元の在日の人にとって、有能で頼もしい働き手の出現は歓迎されていた。

職を得て生活も落ち着いてきた中で、在日朝鮮人文学芸術家同盟（文芸同）の美術部に入部して絵も再び描き始めた。美術部の活動を通して在日の画家たちとも知り合うことができた。

六二、六三年には日本アンデパンダン展（四七年に東京都美術館で始まった、日本美術会が主催する無審査・自由出品制の公募展）にも出品するなど、河さんの創作意欲も高まっていく。なお同じ部屋に作品が展示されていて、知り合ったのが後に河さんがその作品をコレクションすることになる呉日《オ・イル》だった。呉日も在日二世で、少年時代から炭鉱、染物屋、皿洗いなどさまざまな仕事を体験していた。この時は二人とも二十代前半。画家になりたいという熱い思いを胸にたぎらせていたのではないだろうか。

孤独感を抱えた日々、浅川兄弟ゆかりの地を偶然訪れる

朝鮮総連の事務所で働きはじめ、河さんの生活は安定していく。鋳物景気にわく川口でその能力を発揮して生き生きと働いている頼もしい青年の姿が思い浮かぶ。

しかし当時、河さんは深い憂愁の中にあった。

母にヤミ米運びの仕事までしてもらって工業高校で学んだのに、結局就職はできず、日給二百六十円の配線機器メーカーに雇ってもらうことになった。生活費を削って、デザイン学

校にも通ったが、体を壊して、結局は仕事も失い、商業デザイナーになる夢を打ち砕かれた。努力をしても報われず、挫折続きの中で、「北朝鮮に行こう」と決意したことが縁となり、朝鮮総連事務所に就職した。同胞を助ける仕事でやりがいはあったが、これまで必死になって希求してきたことではなかった。

二十一歳の河さんは、それまでの道のりを思うと言うに言われぬ挫折感や孤独感を感じていた。

そんなある日の休日、正確には一九六一年五月五日に河さんは、新宿御苑を散策した後、ふと新宿から中央本線で松本方面に向かった。特にあてはなかった。

小淵沢駅に到着すると、ＳＬが停車しているのを見つけた。高校時代に通学で乗っていたのと同じタイプの車両で、急に乗ってみたくなって下車。ＳＬが走っているのは小諸まで行く支線、小海線で、急こう配の山岳を進んでいったＳＬは清里駅に停車した。

「清き里。その名前に感動して降りてみると、空気がとても冷え冷えとして澄み切っていた。まさに清い里でした」。

遠く南に富士山を望み、八ヶ岳や南アルプス連峰など周囲の雄大な山々の美しさに息をのみ、駅の近くの旅館に泊まった。目的もなくふらっとやってきて、山岳の景色に感動して宿泊といういかにも若者らしい旅だ。

翌朝、あらためて清里の街を散策すると「浅川」という表札を出している家が多いことに気が付く。

「もしかすると清里は浅川伯教・巧兄弟と縁の深い地ではないか？　とその時思ったんです」。

浅川伯教・巧兄弟は朝鮮の芸術に憧れ、日本統治下の朝鮮半島にわたり、朝鮮の陶磁器・工芸品を研究し、その素晴らしさを日本に紹介するといった活動を行ったことで知られる（114ページ、コラム参照）。

清泉寮を立ち上げたポール・ラッシュとの出会い

浅川兄弟の出身は現在の山梨県北杜市高根町（旧甲村）で、河さんの推定通り清里の近くの村である。

しかし浅川の表札を掲げた家の人に「浅川兄弟、浅川巧のことを知りませんか」と尋ねても「そのような人のことは聞いたことがない」という人ばかりだった。

大正から昭和初期に活動した浅川兄弟のことは、一九六〇年代には彼らの故郷でも忘れられていたのである。「浅川兄弟は山梨出身の人だったと思ったが記憶違いだったか」と河さんは思い込んでしまった。

この時は清里で浅川兄弟との接点を見いだせなかった河さんだが、宿の人に教えられて訪れた清泉寮でアメリカ人の宣教師と出会う。清泉寮を立ち上げたポール・ラッシュだ。

清泉寮のホールに河さんが大好きな須田寿の作品「牛を売る人」が飾ってあるのを見て、興味深く鑑賞しているところにポール・ラッシュが話しかけてきたのだという。

「須田寿の作品では『ざくろ』の絵が好きで画集を持っています」と伝えると、「いつかぜひ、その画集を見せてください」とポール・ラッシュはこたえたそうだ。

ポール・ラッシュは清里を開発した人物として知られる。三八年にキリスト教の指導者訓練の場として清泉寮を立ち上げ、戦後、再び清里に戻ってくると清泉寮を拠点にしたモデル農村コミュニティ構想事業「清里教育実験計画（ＫＥＥＰ）」を進めていた。八ヶ岳麓の厳しい自然環境もあり、その事業は平たんではなく、当初は地元の農家からの理解もなかなか得られず苦労が多かったとされる。五五年には清泉寮が焼失。絶望的な状況の中で、地域の人々や米国の多くの支援者たちの助けを受けて、再び事業を進めていた。河さんがポール・ラッシュに会ったのはそんな時期だったようだ。

農村での伝道を続けてきたというポール・ラッシュの話を聞きながら、河さんは信念に基づいて行動している人の「孤独」の影を見たという。そして深い尊敬の念を抱いた。孤高な存在であっても、自らの理想に向かってたゆまぬ努力をしている異邦人ポール・ラッシュに、同じく孤独の中にいた河さんも励まされるところがあったのかもしれない。

以来、浅川兄弟とポール・ラッシュは河さんが在日として日本で生きていく上での目指すべき存在となったそうだ。

コラム

浅川兄弟ゆかりの地・高根町には資料館も

浅川伯教は、朝鮮の芸術に憧れ、一九一三年に日本統治下の朝鮮半島に渡り、朝鮮古陶磁の窯跡を調査し、日本に朝鮮白磁の素晴らしさを伝えた。弟の浅川巧は一四年に兄を慕って朝鮮半島に渡り、林業技手として山々の緑化を行いながら朝鮮半島の陶磁器や木工の膳を研究紹介した。

浅川兄弟のことを河さんは高校三年生の頃、安倍能成の著書『青丘雑記』で知り、以来深い憧れと共感を抱いてきたという。

「特に巧に惹かれました。彼は朝鮮のはげ山に植林して山を甦えらせたんですよ。朝鮮の文化を愛し、朝鮮語を話し、朝鮮人を友とした。朝鮮の陶芸や民具の価値を高めて光を当て、朝鮮の人からも愛された。三一年に肺炎のため四十歳の若さで惜しくも亡くなり、韓国に葬られました。京畿道九里市忘憂里《マンウリ》にあるお墓はずっと韓国の人々によって守られてきたんです」。

河さんが浅川兄弟と清里の繋がりを改めて知ったのは、九〇年代になってからのこと。浅川巧の生涯を描いた『白磁の人』（江宮隆之著／河出書房新社刊／九四年刊）という小説を通してだった。高根町（清里）が、浅川兄弟が生まれ育ったところであることを再確認した。なお、二〇一二年には『道―

白磁の人―』というタイトルで映画化されている。

高根町には一九九五年に「浅川伯教・巧兄弟を偲ぶ会」が設立され、浅川巧が訪れた林業試験場の出張所があった韓国抱川《ポチョン》市との友好親善も始まった。

二〇〇一年には「浅川伯教・巧兄弟資料館」が高根町に開設される。兄弟の足跡を紹介した年譜、ビデオ、朝鮮の青磁・白磁のコレクション、伯教が残した書や絵画、巧の日記などの貴重な資料が展示されている。河さんも池順鐸《ジ・スンタク》（伯教と交流があり韓国の古陶磁復元に多大な貢献をした人物）と柳海剛《ユ・ヘガン》の白磁・青磁など七十一点を寄贈している。

河さん自身も浅川兄弟ゆかりの地で、ポール・ラッシュと出会った縁から清里に別荘を構え、夏を過ごすようになっていた。

さらに〇六年から河さんは同資料館で私塾「清里銀河塾」というセミナーも開催するようになり、清里との縁はさらに深まっていった。

月賦詐欺に遭って、電気店の社長に。大成功を収める

友人に紹介された女性と結婚を決意、しかし母は大反対

総連事務所で働いて二年目、一九六三年、河さんは尹昌子《ユン・チャンジャ》さんと結婚した。実はそれまでも総連幹部から縁談がきたり、友人からも結婚相手の候補を紹介されたりもしたが、事務所で仕事を始めた当初は、貧乏で結婚などとても考えられない状況だったという。

生活も落ち着いてきたところで、友人の一人から紹介されたのが昌子さんだった。会ってみると、昌子さんは新宿の文化服装学院と銀座の松屋クッキングスクールで学んでいて、自ら働いて学費を払っていると聞き、自立心や向学心の強さに感心した。

「会ったら可愛いなと思ってね。一週間後に決めました」。河さんはさらっと語っているが、

話が早い。決断が早い。

総連で有能な職員として働いていた河さん、実はお婿さん候補として、引く手あまただったようだ。さまざまな縁談が来るたびに「貧乏なので結婚はまだ先」といいながら、「これだ！」と納得する相手が現れるのを待っていたのではないか？

直観力が鋭い河さんのことだから、昌子さんと会ったときには「まさにこの人が結婚すべき人だ」といった強い確信があったのだろう。

しかし、理想の相手を見つけたという喜びをもって、両親に「結婚したい人がいる」と話をすると、母は烈火のごとく怒り、大反対した。「川口でも東京でも結婚相手となる女の子は何人もいるのに、自分一人で勝手に決めてくるとは何事だ」と激怒したという。

長男の河さんへの母の愛情や期待は、とても大きなものだっただろうことは、これまでの話を聞いていても想像に難くない。大変な苦労をしてきたが、子供たち全員を無事高校に進学させ、生活も少し落ち着いてきたところ。そろそろ愛おしい自慢の長男にぴったりの嫁を探そう……と思っていたところである。

そこに長男本人が勝手に結婚相手を連れてくるとは言語道断……と思われたのではないだ

ろうか。

韓国は嫁姑の関係が日本以上に厳しそうだ。特に半世紀前においての姑の嫁に対する権力は強大であったはず。しかも自慢でかわいく思っている長男の嫁となると、基本的に母の態度はいやがおうにも厳しいものになるだろう。母自らが吟味し、選んだ女性だったとしても、嫁に対しての目線は厳しくなるはずだ。それを息子が勝手にどこのだれかわからない相手（あくまでも母にとって）を連れてくるとは……という母の怒りは、韓流ドラマなどを見ている者にとっても容易に想像できる。

そうした「母親の心」を河さんが全く理解していなかったことが、母・潤金さんの怒りに油を注いでしまったのではないだろうか。

しかし、結婚に関して河さんの意思は固かった。大切に思ってきた母に大反対されても気持ちは揺るがず昌子さんと結婚する。

結婚式には百五十名程度が来る予想だったが、実際には招待していない人も大勢来て三百名くらい集まった。河さんの人気ぶりがわかる。

「正直結婚式費用が増えて赤字になってしまったのではないかひやひやしていたんですよ。

お金がないからね。ところが結婚式の支払いをしてみたらお金が二十七万円も残っていた。お祝いに来てくれた人たちの御祝儀のおかげです」。

当時川口で小さな建売を買うと三十万円程度だった。二十七万円がいかに大金であったかがわかる。

この多額な御祝儀が、河さんの運命をさらに大きく変えてしまうきっかけとなる。

コラム

昭和時代の結婚協奏曲

電気店の得意先から「弟の嫁を紹介してほしい」と頼まれ、紹介したことがあるという。縁談は順調に進んでいたように見えたが、結局破断となった。その直後、河さんの電気店のシャッターに糞尿がまかれるという出来事があった。破断の腹いせに得意先の弟がやったことがわかり、得意先からは謝罪されたというが、

「お得意さんの弟さんはそれからほどなくして、肝硬変で亡くなったんです。私と同い年だったけれど早死にしてしまった。今でもかわいそうに思いますよ。理不尽なことでしたが、私は生き延びました。頑張ってきた自負と哀れみの感情は人生にとって大事な肥やしだと思います」

こんなエピソードもある。中学時代、河さんととても仲良くしていた女生徒がいたそうだ。河さんが新聞配達をしているのも知っていて、女生徒の母や弟など周囲は「将来二人は結婚するのでは？　結婚するといいね」と思っていたのだという。「結婚までは考えない年ごろでしたが、周囲がそんなふうに温かい眼で見てくれていたのは幸せなことだったなと思っています」。

詐欺で多額の借金を背負い、電気店を経営することに

河さん夫婦は残った祝儀のうち二十万円で、当時「三種の神器」ともてはやされた洗濯機などの電化製品をそろえることにした。近所の電気店で見繕い、現金で支払ったところ「月賦で買ったことにしてほしい。支払いはこちらでやるから、ハンコだけ貸してくれ」とお店側から頼まれた。

「店の経営の資金繰りに支払った現金をあてようということなのだろう」と河さんは推測し、了承した。

「今思えば人が良かったんだけどね。そうしたら翌月、月賦屋さんから、月賦の支払いが滞っているという連絡がきたんだよ。あわてて電気屋さんに行ったら倒産したというんだね」。

ここから電気店が持ち掛けた話がとんでもない。店を再建するために、新しい名前の会社を作らなくてはならない。ついては河さんに名前だけの社長になってほしいと言い出したの

だ。いかにも怪しい話だと思うのだが、河さんはまたもそれを了承する。

その結果、どうなったか？

電気店は河さんを社長にした会社を作り、問屋から電化製品を仕入れ、そしてその料金を支払わなかったのである。そして河さんのところには問屋から多額の請求書が届いた。つまり二重に詐欺にあったことになる。

月賦会社への二十万円、そして問屋への支払い二百七十万円が河さんの借金となっていたのだ。

「バカだから二度も騙されたんだよ」と河さんはいうが、それにしてもなぜこのような話にやすやすと乗ってしまったのか？「電気店を助けてあげたい一心からだった」と河さんは言うのだが。

結婚早々、一大ピンチである。詐欺を行った電気屋は夜逃げして、河さんは借金を返すため、やむなくその店の正式な社長となった。実はこのあたりの河さんの行動も興味深い。

多額の借金に呆然とするままで、詐欺を働いた電気店を引き継いで実際に社長になって経営しようとは、普通考えないのではないか。

「最初は名義だけの社長だったけれど、本当の社長となって電気屋をやることにした。借金を返さないとならないから。仕方なく始めたよ」と河さんはいう。

朝鮮総連の職員としての月給は一万二千円。たしかに借金を返すには、電気屋を本気で経営するしかなかったのかもしれない。

河さんは三年半働いた朝鮮総連の事務所を辞めることを決意する。

イデオロギーで動く組織の不条理を知る

そこで河さんにとっては思いもよらぬことが起きた。

「借金を返すために電気店の経営に専念しなくてはならない。二足のわらじははけない。ついては総連をやめたい」と河さんは幹部に事情を説明し、退職を願った。話の後、ちょっと席を外してトイレに行った。その時に、幹部の人々が話していることがみんな聞こえてしまった。

内容は「彼はスパイだから気をつけろ」「今後は事務所への出入りをさせるな」「事務所の

帳簿などを見せるな」といったものだった。辞めたいといった瞬間に、それまで河さんのことを買ってくれていた幹部たちの態度が、がらっと変わってしまったのである。そして、いきなり村八分のような扱いを受けたのだ。

「詐欺にあった話をして、事情を説明しているのにいきなりスパイだと言われた。事務所の帳簿なんて、それまで全部私が管理していたのにね。震えるようなショックでした」。

特にショックだったのは、こうしたことを強く言い出したのが、北朝鮮に行きたいという河さんを引き留め、総連で働くことを勧めてくれた人物だったことだ。結婚式もその人が中心になって進めてくれ、河さんとしては深い感謝の思いをもっていた人だった。その人が「辞めたい」といったとたんに豹変した。

「あの時、組織というものが何なのか分かりました。辞めるとなったらとたんに村八分です。あれほどショックなことはなかった」。その日、河さんは、くやしさのあまり以前功労賞としてもらった金日成のブリキのバッジ二つを投げ捨ててしまったという。

在日同胞のために一生懸命尽くしてきたつもりだった。それが辞めるといっただけで、スパイ呼ばわりをされ、村八分にされる。その時のくやしさは一生忘れられないという。

「イデオロギーやセクト、分派で分けてしまう。これは総連も民団も同じようなものです。権益・親睦団体がそういうことではだめだと思うのですね。我々同胞の組織や社会はそういうものであってはいけない。組織も人情でやっていかなくてはいけない」。

組織がもつ薄情さを痛感し、同胞社会の残酷な一面を知った。

ただし、川口に暮らす同胞のほとんどは総連の考えとは関係なく、河さんが総連事務所を離れた後も、それまでどおり親しくし、「電化製品を買うなら河本から買おう」と応援をしてくれた。

「あれ以来、組織やイデオロギーとは一線を引いています。そういうもので動く人とは付き合わないようにする。組織とは関係がない一般の同胞の人たち、一人一人とはその後も親しくしてきましたがね」。

いまでも台風の時にボートでお米を届けてくれた総連の人には感謝しているが、組織からは離れるようにした。

「同胞のためになることなら、今も総連でも民団でも協力することは厭いません。総連に幼稚園が出来たといえばピアノを届けたり、民団で会館を立てるといったら寄付をするといったつきあいはしていますよ」。

電気店を始めると、東京オリンピック需要がやってきた

さて、新婚早々に約三百万円という莫大な借金を抱えた河さんだが、電気屋を始めてすぐに、年が明け一九六四年になった。東京オリンピックの年である。世の中は東京オリンピックに向けて大きな盛り上がりを見せ始めた。

オリンピックの放送中継を見ようとカラーテレビがものすごい勢いで売れだしたのである。

河さんがテレビの仕入れを増やそうとすると、問屋からは「卸の限度額は一カ月二百万円まで。代金をもらってからでないと次の品物は卸せない」と断られた。以前の詐欺による不払いがあったことから、同じことを繰り返されるのではないかと危惧されたのだ。

そこで河さんは秋葉原にあった問屋の社長に直談判にいく。

「今、わたしは借金を返すために店をやることになって、電気製品を売っています。商品が売れているのに卸さないのは、問屋であるあなたたちにとっても損ではないか？　商品を売

れば商売になるし、借金も早く返せます」といったことを社長に訴えた。

「社長は新潟かどこかの出身でものすごく苦労して秋葉原に出て成功した人だったんですね。それで『こんなに一生懸命借金を返そうとしているのに』といった私の話にすごく感激してくれてね。結局、二百万円しか卸さないという話が、一か月二千万円までいいことになった」。

このあたり、河さんの真骨頂ではないだろうか。

しばらくするとテレビは月に二千万円以上売れるようになった。そこで、再び社長に交渉にいくと「卸の枠を決めないから、売りたいだけ売りなさい」と言われ、テレビを売りまくった。

三百万円近かった借金は六カ月で完済した。売上は優先して借金返済に回したのだ。

河さんが引き取った電気店は街の小さな電気店である。写真を拝見すると、小さな掘っ立て小屋のような店舗だったのにもかかわらず、テレビの月商が二千万円越えというとんでもない数字をはじき出した。

そのお客のほとんどは在日同胞だった。総連で協同組合や商工会の設立に携わったことで多くの同胞との関係ができていた。日本語が得意ではない在日一世を親身に助ける河さんに感謝する同胞も多かった。そんなこともあって同胞たちがこぞって河さんの店でテレビを購入してくれたのだ。

積極的に月賦販売を進め、修理も自前で店は大繁盛

借金完済後も河さんはそのまま電気屋の社長を務める。

経営に余裕が出てくると、電化製品の月賦販売も始めた。しかも一年払いだけではなく、二十四カ月払いなどの月賦を組んで買いやすくした。自らが月賦詐欺でひどい目に遭ったのにも関わらず、積極的に月賦販売を行ったのも河さんらしい。河さんのビジネスセンスが生かされ店の売り上げはどんどん伸びた。

「前は十万円ないと買えなかったものが月一万円、あるいは五千円で買える。これは店側に資金的余裕があるからできるわけだけど、そうやって買いやすくすることで、家電製品が売れましたね」。

オリンピックが終わったあとも、こうした商売のやり方で売り上げを堅持していった。

なお、当時の電気店は修理もできなくてはならなかった。発売されるようになったばかりの電化製品は実はしょっちゅう壊れたり、故障したりしていたのだ。

街の電気店はお客さんからの苦情を聞き、修理しなくてはならない。メーカーでの修理となると時間もかかるので電気店でのアフターサービスが求められ、簡単なことは電気店で修理していたという。

「僕は工業高校を出ているから電気の基本は学んでいるんだけれど、実技的なことはわかっていなくて、プラスとマイナスを間違えてショートさせてしまったこともあるし、感電しそうになったこともありますよ」。そんな中、頼りになったのはいつのまにか電気のことや家電のことを学んだ妻の昌子さんだ。河さんは営業で外に出ていることも多かったが、そんな時も昌子さんが店にいて苦情や相談の電話をとり、さらには修理にも対応していたのである。

「私よりも家内のほうが立派なエンジニアでした。コードもさまざまな長さのものを作って、商品として売ったりね。家内は何も電気のことは知らなかったけれど、実践で学んでいったのよ」。

さらに河さんらしいのは、修理をすべて自分たちの店でやろうとはせず、テレビや電気修理の専門家に下請けに出していたことだ。自分たちで対処すればコストは安くすむが、しかし専門家に頼めば早く確実に直してもらうことができる。

「うちは専門家に下請けに出していたから、どこの店より信用が高かったね。河本さんのところに頼めばすぐに直してくれるとね。自分が技術を身につけなくても専門家に頼めばいい。そういう手配が僕は得意なんだよね」。優れたビジネスセンスを発揮し、電気店は多くの固定客がついて、安定した経営を続けていった。

人生万事塞翁が馬？

河さんが総連をやめて電気店の社長となった経緯を少し離れた視点で見ていくと、非常に不思議な感じがする。

河さんの経済的な成功の最初のきっかけとなったのは電気屋の詐欺だ。詐欺にあって借金返済のためにやむをえず電気店の社長となったら、オリンピック年と重なり、テレビが売れまくり、あっというまに借金を返済するだけでなく、その後商売も成功していく。

詐欺に遭って多額の借金を背負うという人生最大の危機を迎えながら、それがきっかけとなって、その後の人生が大きく良い方に変化している。まるでおとぎ話のような展開だ。若かったとはいえ、あの時、河さんがなぜ詐欺にふらっとひっかかったのかも不思議だ。しかも二度もその人物を信じてしまったことも謎だ。なにか不思議な力が働いていたのではないか？などと思ってしまう。河さんは「人助けだった」と笑ってはいるが。

電気屋の詐欺に遭わなかったら総連でずっと働いたのかもしれない。そして経済的な大きな成功は望めなかったかもしれないし、その後の絵画作品のコレクションも始めていなかったかもしれない。

この後も、電気店は成功を続けるのだか、河さんは夏カゼがもとで突然体調不良に陥り、電気店を弟たちに引き継がせることになる。そして自分や家族を養うために、不動産賃貸業に進む。それまでに溜まったお金で不動産を買い、賃貸業を始めたのだ。そんな時、今度は「日本列島改造論」（一九七二年、自由民主党総裁選挙を前に田中角栄が発表した政策綱領と同名の著書）の影響で、急に地価が上がり始めた。買った不動産がどんどん高くなっていったのである。

「あの時も別に土地で金儲けをしようと思ったのではなく、体調不良の中、家族を養い続けるためにできることと思って始めたら、突如地価が上がり始めた。世の中が助けてくれたんだと思う」と河さん。

懸命に努力をしながら報われることが少なかった十代～二十代の初め。それが結婚あたりを境に、流れが大きく変わっていったのは興味深い。

「私は詐欺をした人たちのことも運をくれた恩人だと家内には言っているんですよ。あの詐欺師たちがいなければ、電気屋をやらなかったし、その後不動産業を始めるお金もたまらなかった。人生、吉が凶になったり、凶が吉になったりする。人生万事塞翁が馬です」。

第4章

田沢湖に「祈りの美術館」を……
あと少しでかなえられなかった夢

在日作家の優れた作品をひたむきに蒐集

一九八二年、『全和凰画業五〇周年』展が日本と韓国で反響を呼んだあと、河さんは在日作家を中心に本格的に絵画の蒐集を開始する。在日作家たちをサポートし、そしていつか開館される「田沢湖祈りの美術館」のコレクションをそろえるためだ。

不動産事業で利益が出て、それなりの現金が入ると、すぐに絵を購入した。妻の昌子さんには生活費しか渡さない。狂おしいような情熱である。

美術界ではほとんど顧みられず、買う人もいなかった在日作家の作品ばかりを蒐集するため、周囲からはさらに陰口を言われるようになったそうだ。「なんの価値もないゴミのようなものを、買い集めて頭がおかしいのではないか、とさんざん悪口を言われましたね」と河さん。

「周囲」とは美術関係の画商やギャラリーの人たちなのか、在日の人たちなのか。あるいは生活し、事業も展開していた川口の人々なのか……。河さんによるとそのすべてであったそうだ。

身近な親しい人が心ないことをいう中にあって、家族は何もいわなかった。昌子さんも子供たちも反対はせず「お父さんが稼いだ金をお父さんが使うことにはなにもいわない」と理解を示していた。

「家族も最初はいろいろ思ったことでしょう。稼いだお金を全部絵に変えて、現金は家に置かないのだからね。でも何もいわなかった。そのうち妻も絵のことがわかるようになってきました。もともと美術のことは知らない人でしたが、私が夢中になって買ってくる絵を眺めるうちにだんだん目が肥えてきてね。どんな絵がいいのかわかるようになってきた。今では絵のことを私以上によくわかっていますよ」と少々誇らしげな表情で語る河さんの言葉を、その横で昌子さんは淡々とした表情で聞いていた。

昌子さんは見よう見まねで絵を描くようになり、その作品は公募展で受賞するまでになった。「私の一番弟子です」と河さんは胸を張る。

時に軋轢を生みながら続けられた在日コレクション

河さんの蒐集熱は在日作家にも広く知れ渡っていた。多くの作家が絵を購入してもらおうと河さんを頼ってきたそうだ。いきなり作品を黙って送り付けてくる作家がいたり、中には、タクシーに乗って河さんの自宅まで自らの作品を運んできたり、まだ絵具が渇いていないような絵を抱えて家を訪れた画家もいた。それほど、在日作家の作品は買い手がつかず、苦しい状況だった。在日作家だけではなく、韓国からも絵を持参して、帰りの旅費にしたいという著名な韓国人作家も一人や二人ではなかったという。

しかし、河さんは人助けとして作品を購入しているのではない。在日作家として顕彰すべき作品でなくてはならない。なにより河さんの美学、思想、哲学と合致する作品でなくてはならない。

全和凰氏の作品は河さんのその思いとぴたりと合っていたからこそ、コレクションを決めたのであり、それ以外の作家に対しても同じ姿勢で蒐集を行った。

その後、約三十名もの在日作家のコレクションをしてきたが、その背後では購入にいたらなかった作家や作品もあったわけで、そこには人間くさい生々しい軋轢も起きた。作品を購入してもらえなかった在日作家には河さんの悪口をいう人も出てきた。全和凰氏に比べて自分の作品の購入数が少ないと不満を漏らす作家がいたり、対象外の作家が嫉妬し、あらぬ中傷をすることもあったという。

また一九九〇年代に入ると、世界的に美術品の価値が高まり、現代美術の捉え方が大きく変わると風向きが変わった。河さんが蒐集を始めた当時の日本では美術品に関心をもつのは美術館などを除けば、ごく限られた愛好者だけだった。それが九〇年代には日本社会でも次第にアートが「お金」になる、利殖になるということが常識となり、不動産ブームと同じように絵画ブームが起こり投資対象美術品を買う人たちが出てきた。

「みんな目の色を変えてね。一夜にして風の向きがかわっちゃってね」と河さん。

美術品バブルの前から集めていた河さんのコレクションの価値も高まっていった。

今まで「ガラクタを買って、ごみになるようなものを集めてなんの価値があるのか」とせせら笑っていた人が今度は「誰も買う人はいない時に二束三文で買った」と難癖をつけ始めたと。

以前から河さんを頼ってきた在日作家の中にも「安く買い叩いて、後で高く売るつもりだった」といった風評をたてた人もいた。

「僕は絵でお金儲けをしたことはない。人は風向きによって変わるんだよ。そこで人間性が見える。ただ、風向きでくるっと変わるような人を見ても僕は驚くことはなかった。それまでの人生でそういうことは、この身に何度も降りかかってきて、それを払いのけながら学んで生きてきたからね。だからその人たちのことを非難する気はない。ただ、関わりあわないように避けるだけ。全て人は欲から始まっていることを学んでいたから」。

このように在日作家のコレクションは周囲の人や作家、美術関係者たちとの間に時に軋轢と嫉妬を生みながら続けられていった。

さまざまな背景をもつ在日作家の作品

情熱的な収集活動により、一九八〇年代後半には数多くの在日作家の作品が河さんのもと

に集まりつつあった

全和凰《チョン・ファファン》を中心に、郭仁植《カアク・インシク》、宋英玉《ソン・ヨンオク》といった植民地時代に日本に渡ってきた在日一世の作家たち。

そして日本に生まれ、戦後は「在日二世」として育った郭徳俊《カク・トクチュン》や文承根《ムン・スングン》。

そしていまや現代アートの巨匠となっている李禹煥《イ・ウファン》もまた、戦後に日本に渡り、創作活動を始めたという点で河さんにとっては「在日」の作家だ。

郭仁植は十八歳で来日し、日本帝国美術学校に学び、前衛芸術の運動に岡本太郎らとともに参加するなど活躍していた。戦後、韓国に戻った兄が北朝鮮のスパイに間違えられて拷問を受けて亡くなったため、日本に留まる決意をし、国内外で活動。六〇年代の作品は「もの派」に大きな影響を与えた先駆者として評価されている。当時、在日作家の中で重鎮的な存在だったのではないだろうか。再び故郷の地を踏んだのは、一九八五年の「元老作家帰国展」の時で、実に三十九年ぶりの帰国となった。

宋英玉は小学生の頃に父親を追って大阪に渡り、働きながら大阪美術学校で絵を学び、終戦を迎える。朝鮮籍であったため、韓国に帰郷することができず、日本で貧困の中で画家としての活動を続けていた。八二年に河さんと知り合い、亡くなるまで親交を結んだ。

郭徳俊は三七年に京都に生まれ小学二年生で終戦を迎えた。七二年、第八回国際東京版画ビエンナーレ展で文部大臣賞を受賞するなど、日本の美術界で注目される若手アーティストとなる。七〇年代はコンセプチュアル・アートの影響を受けた「大統領と郭」といったアメリカ大統領シリーズ作品が話題となり、八〇年代以降はより多様な媒体を通して旺盛に活動。河さんは八四年ごろに郭徳俊と知り合いコレクションを始めた。

文承根（一九四二〜八二）は戦後生まれの在日二世。独学で創作活動を開始し、六〇年代後半に抽象画家の吉原治良（一九〇五〜七二）に才能を見出され、七〇年代に日本、韓国で活躍を始めて、世界へのデビュー目前だったが、八二年、病気のためわずか三十四歳で死去。河さんは追悼展でその才能を知り、コレクションを始めた。

そして戦後、韓国から日本に来て創作活動を始めた李禹煥は、八〇年代当時にはすでに新鋭のアーティストとして注目され始めていた。彼と河さんとの交流については次ページのコラムを参照していただきたい。

コラム

国際的ブレイクの前から李禹煥をサポート

河さんが李禹煥に関心を持ったのは一九八〇年、「みづゑ12月号 李禹煥特集」を読んだのがきっかけだった。李氏は「もの派」の中心的作家として知られた後、当時はさらに新たな表現に挑戦しているアーティストだった。

「韓国でも「統一日報」などで時々紹介されていて、名前は知っていましたが、『みづゑ』特集号を読んで、同胞の中でこれまでとは違う作家が登場したと感動しましたね」と河さん。新しい芸術を生み出す韓国人作家を日本の美術界が認め、権威ある美術雑誌が特集を組んだということを嬉しく誇らしく感じたという。

そこからが河さんらしいのだが、「在日の画家にこんな素晴らしい才能が生まれていることを多くの人に知らせよう」と考え、「みづゑ」特集号を美術館の学芸員、評論家、美術大学の先生、ギャラリーのオーナーなどに配布することにした。

「出版社に連絡して、何冊残っているか聞いたら五百冊ということだったので、全部私が買い取りました。在日に限らずさまざまな作家の絵画コレクションをするようになって、作品を集めるためのツテとしてあちこちに網を張っていましたから、美術関係には大勢の知り合いが出来ていた。そういう方たちに送りました」。

李禹煥氏本人には知らせていない。完全に河さんの自主的な熱き広報活動だった。その約二年後、河さんのところに李禹煥氏から連絡が入る。「みづゑ」の特集号を十冊ほど融通して欲しいという相談だった。恐らくは出版社から在庫を買い取った河さんのことを教えてもらったのだろう。河さんは快諾し、二十冊を送った。

それから四年後、李禹煥氏と直接会う機会があった。世界で活躍している韓国の作家たちの「汎世界韓国芸術人会議　東京大会」の場だった。会場でしばらく話をした後、李氏から「ちょっと話をしたいことがある」と言われふたりで喫茶店に行った。

そこで「ウィーン、ボン、パリなどヨーロッパを巡回して展覧会を開く計画をしているが、資金不足でできないでいる。支援してもらえないか」と相談された。

「いくらくらいですか」と単刀直入に聞くと必要になる資金は五百万円という。いきなり会ったばかりの人物同士とは思えぬ会話だが、河さんは「わかりました」と即答する。

「ただ、あなたの絵を『祈りの美術館』がオープンしたら飾りたい。それに見合う作品をくださいと、お願いしました。どの作品をくださいとは言わない。僕が支援してあげた分だけ、あなたの作品をくだされればよいですとお願いし、李さんも承諾しました」。

ヨーロッパを巡回して展覧会を開くとなると、滞在費や交際費も必要になる。河さんが「そのあたりは大丈夫か」と質問すると、「そこまでは君に頼めない」と李氏は答えたという。

「要するにそれ以上のお願いは自分から言うことはできないと。そこに人柄を感じました。そんなに無理をいう人ではないということですね」。

河さんは滞在費として、さらに二百万円支援することを即座に決める。

美術専門誌で特集が組まれるとはいえ、李氏は当時は日本でも韓国でもまだ広く知られる存在ではなかった。その人物に個人の美術コレクターが七百万円もの資金を支援することを即座に決めてしまう、それも初対面でという展開に驚く。

こうした支援があって、李禹煥氏は八〇年代後半から欧米を中心に海外の美術館での展示やビエンナーレなどに参加し、世界のアートシーンでの評価を高めていった。

コレクションの充実と共に美術館のコンセプトも明確に

美術館を「祈りの美術館」という名前にすること、田沢湖畔に「祈りの美術館」を建設して、全和凰をはじめとする在日の作家の作品を顕彰し、美術品を通して韓日の歴史を記憶し、証言する場とする。……作品コレクションが充実していくなかで、美術館のコンセプトもはっきりとした像が結ばれていった。

さらに慰霊する対象も時間の経過と共に少しずつ広がっていった。徴用されて亡くなった朝鮮人は田沢湖周辺だけではなく日本各地に埋葬されている。また強制連行で日本に来た人だけではなく、関東大震災で虐殺された人や、太平洋戦争や原爆で亡くなった朝鮮人もいる。

戦前・戦中と日本各地で朝鮮人が亡くなって無縁となった人がいた。

「結局は在日の同胞たちが同じ運命の中にいた。その方たちの慰霊をしたい。同時に日本では在日の画家が創作活動を続けていますが、日本の美術界から顧みられていない。適切な評価をうけていない在日作家たちを顕彰したい。在日作家の美術作品を通して日本の過去の歴史を振り返る。そこで起きたことを風化させずに、次の世代につないでいく。また、美術を通して日本人が、在日の存在や我々朝鮮・韓国の歴史や文化を知る。そんな祈りの美術館を建てたいと思うようになっていました」。

全和凰の個人美術館として考えていた時よりも、美術館の規模も大きなものとなり、美術館設立の予算も膨らんだと思われる。しかし河さんは在日作家の作品のコレクションだけでなく、建物の建設といったハード面も自ら出資し、美術館を作り上げるつもりだった。

土地、美術館の建設、展示する作品は自分で用意し、美術館の運営は田沢湖町が行うことを条件に寄贈を考えていたのである。

「全和凰との出会いが僕にとってはコレクター人生の出発点だし、在日の同胞たちの絵を集めて美術館をつくろうという出発点でした」。

田沢湖町と立ち上げたプロジェクトの行方

田沢湖畔に美術館の土地を取得、在日著名建築家に設計を依頼

情熱的に作品コレクションを進めながら、田沢湖畔に美術館用地も探し始めた。いくつもの候補地を見て歩いたが、河さんが納得するような適切な土地はなかなか見つからなかった。

そんな中、一九八七年、生保内中学の後輩が仲介してくれた田沢湖畔の土地を気に入り、美術館建設用地三千坪を購入した。

「それまで田沢湖町からの紹介で候補地を見て歩いたんですがなかなか満足するものはなかった。後輩が仲介してくれたのは彼が経営する湖畔のホテルに隣接する土地。その土地を見てすぐにここだと心を決めました。土地の購入を決めた夜は嬉しくて、ホテルのラウンジ

で後輩たちや友人たちと宴を開きました。踊りは全くできなかったんですが、妻と一緒にチークダンスを踊りましたよ」と楽しそうな表情を浮かべる。

その夜、祝杯をあげ、ぎこちなく妻昌子さんと踊る写真が残っているが、河さんの全身から喜びと満足感が伝わってくる。

同年田沢湖町関係者に「田沢湖祈りの美術館」構想の説明もした。そして敷地と建物、美術品の寄贈を表明している。田沢湖町の役割は美術館の運営管理。田沢湖町にとって至れり尽くせりの提案に、町側は大変乗り気だったという。すぐに「田沢湖祈りの美術館」プロジェクトが立ち上がり、河さんと田沢湖町との間で美術館についての具体的協議が続けられた。

美術館建設用の土地を取得すると、河さんはすぐさま美術館の設計にとりかかる。そして在日二世の建築家伊丹潤（本名・ユ・ドンヨン　一九三七〜二〇一一）氏に依頼した。

設計を依頼された伊丹潤氏は、その後二〇〇〇年代には祖国韓国で済州島プロジェクトを手掛けたほか、二〇〇五年にはフランスの芸術文化勲章シュバリエ勲章を受章するなど世界的に才能を認められた建築家だ。画家としても活躍し、〇三年にはフランスの国立ギメ東洋美術館で「伊丹潤展＝伝統と現代」も開催されている。

一九八〇年代、すでに注目されていた伊丹氏への設計依頼は当然のことながら五百万円という高額な料金になった。在日の気鋭の建築家に頼んだというところに河さんの美術館への意気込みの強さを感じる。

伊丹氏も「祈りの美術館」という趣旨や犠牲となった朝鮮人の慰霊、在日作家の顕彰、韓日の歴史を共有し未来につなげたいという思いに深く共感してこの仕事を快く受けた。

設計図はあえてグラフィック・コンピューターを使用せずに手の痕跡を大切にしたドローイングで仕上げていったという。

「手の痕跡を大切にしたドローイングで仕上げ、愛情一点張りをさせていただきました。敢えて前衛的とか現代造形を避け、その地域のコンテクストと伝統的な思想で美術館という機能を第一に……（河正雄アーカイブより）」と伊丹氏の祈りの美術館への強い思いが伝わってくる。

河さんのところに残っていた設計図面は四案あり、後に光州市立美術館に寄贈されたが、それらのデザインは、真ん中にメインとなるエリアがあり、左右に振り分けられた構造はどれも共通している。鳥が羽を少し広げたように左右が作られているタイプ、四角く、シンメトリーな感じで左右に棟があるタイプに大雑把に分けられるが、伊丹氏の言葉どおり新奇さに走らず、伝統や歴史を感じさせるデザインという印象だ。重厚ではなく町家や韓屋的なデザインも印象的だ。

李方子妃から「祈りの美術館」の揮毫を賜る

話は前後するが、美術館用の土地取得の前、一九八五年には李方子（り・まさこ／イ・バンジャ）妃から「田沢湖祈りの美術館」の揮毫も賜っていた。

梨本宮家に生まれ、李垠《イ・ウン》（高宗第七皇子）に嫁した李方子妃は戦後、李垠と共に韓国籍を取得し、ソウルの昌徳宮内の楽善斎《ナクソンジェ》に暮らした。夫君と死別後は障害児施設運営に取組み、自らの書や絵画、七宝焼などを販売するチャリティーショーを各地で行い、知的障害児施設の「明暉園《ミョンヒウォン》」と知的障害養護学校を設立。歴史に翻弄されながら後半生を韓国で障害児支援に尽くしたその人生はドラマ化もされている。

李方子妃と河さんとのご縁は八二年に日本橋三越百貨店で開催された李方子妃のチャリ

ティー作品展だったという。知人の山口卓治氏に頼まれ、河さんは作品展での通訳や販売・接待の仕事に携わり、妃と接する機会が多かった。赤坂プリンスホテル敷地内にあるご自宅（現・東京ガーデンテラス紀尾井町・赤坂プリンスクラシックハウス）にも招待された。慰労会の席では妃から「今は何をされてますか」と質問され、「在日韓国、朝鮮人の絵をコレクションしております。終戦末期に徴用で犠牲になられた同胞を慰霊する為に、美術館を秋田県田沢湖畔に建てようと準備しています」と答えたという。

その三年後、河さんが妃の病気見舞いで楽善斎にうかがうと、美術館の進捗状況を聞かれたという。

「ちょっとお話ししただけの美術館計画自体を覚えておられることに感動しながら、正直に土地取得などがなかなか進んでいないことを伝えると、〝それでは〟と『田沢湖祈りの美術館』と揮毫して渡してくださったんですよ」。

河さんはすぐさま揮毫をもとに、人間国宝の呉玉鎮《オ・オクチン》の篆刻による「田沢湖祈りの美術館」の扁額（韓国語的には懸板）を制作した。美術館が完成したら入口に掲げるためである。

突如、田沢湖町から協議破棄を告げられる

一九八七年の土地取得後、着々と進む「田沢湖祈りの美術館」プロジェクトだったが、しかしこのあと突如、田沢湖町は美術館の建設・運営に及び腰になっていく。

河さんは観光地として町おこしを考えている田沢湖町当局とこの後、約四年間にわたって協議を続けた。伊丹氏も共に田沢湖町との交渉に加わったが、しかし九二年に田沢湖町から美術館計画の破棄の通告を受けたという。

「日本各地の地方美術館を視察した結果、学芸員を置き、美術館を維持管理運営するだけの財政力がない」という「経済上の理由」だった。

全和凰はじめ在日作家の作品コレクションを進め、李方子妃からの揮毫をいただき、美術館の土地も入手、設計図もできあがり、いよいよ建設へというところまで進んでいたプロジェクトが突如中止となったのである。

展示する在日作家の作品も十分に集まり、その中には李禹煥のような世界的にも知名度の

高い画家も含まれていた。そして世界的な建築家への設計依頼も進み、あとは美術館を建てようという段階まで進んだ中での、契約破棄である。

「私の個人資産ですべて寄贈しようと思って作品を集め、そして莫大な設計費用を払って設計図も作ってもらい、それが一夜にして田沢湖町はその計画は受け入れられないとなっちゃったんだよ」。

数年間にわたる河さんの努力は水泡に帰してしまった。河さんだけでなく、設計を担当した伊丹潤氏も「耐え難いほどの無念さを感じた」と河さんに伝えてきた。その無念さと喪失感ははかりしれないものだっただろう。河さんも同様で深い孤独と挫折感を味わった。

当時の冷え込んだ日韓関係が影響？

いったい何が協議破棄の原因となったのか。

推測される理由のひとつは当時の「日韓関係の悪化」だったと河さんは言う。しかし町側からはひと言もそのようなことは理由として挙げられてはいない。

一九八八年にソウルオリンピックが開催され、躍進する韓国の姿が世界に伝えられた。九〇年には盧泰愚大統領が訪日、翌九一年には海部首相の訪韓と日韓関係は、未来に向けた友好的な関係に進んでいこうとしているように見えたのだが、九一年十二月に元慰安婦らが日本政府に謝罪と補償を求め東京地裁に提訴したあたりからぎくしゃくとした空気が流れだす。「慰安婦問題でも未来を見据えた建設的な対話が生まれればよかったのだが、日韓の国民感情は冷え込んでいき、両国では反韓・反日的な動きも一部にはあった」と河さんは言う。

九二年、こうした微妙な時期の美術館計画破棄である。

「冷え込む日韓関係の中で、徴用されて日本で亡くなった朝鮮人の慰霊をするといった美術館の在り方に町側が怖気づいたんでしょう」と河さんは推測する。

慰安婦問題で日韓関係がぎくしゃくする中で、徴用で亡くなった朝鮮人の慰霊などを目的とした美術館を作れば、世論の大きな反発を受ける危険性があると田沢湖町は恐れたのではないかというのだ。

なお田沢湖町から協議破棄の通告を受けた翌年九三年には、中学時代からの河さんの畏友で直木賞作家の西木正明氏が秋田市と秋田県に「田沢湖祈りの美術館の計画を秋田に残すべきだ」と打診交渉にも乗り出してくれたが、九五年に実現性がないという結論が下された。

河さん側からすると到底納得しがたい、許しがたい町の変心ではないだろうか。

「許しがたいというようには、私はそういうふうには考えませんでした。ただ日韓のために残念だと思いましたよ」と河さんは静かに語る。続けて「本当は日韓関係が悪い時だからこそ、田沢湖にこの美術館を作る意味があった。あの時美術館を作って高い見識と志を見せるべきだった。もし祈りの美術館があの時に完成していたら、日韓両国に対してもよかったと思う。目先の政情に翻弄され、動きに流されてしまったのが無念です」と一気に語った。

なお、美術館協議破棄において、田沢湖町はその間に投じた金銭の負担は一切なかった。

「私も一銭の要求をしたこともありませんよ。損得で動く人はそうするかもしれないが私は何も求めなかった」と強く言い切る河さんを見ていると、美術館協議を破棄されたことへの大きな落胆、非常に深い無念さを感じるのだ。

田沢湖町の人々の反発を受けながら徴用された朝鮮人の調査を行う

「祈りの美術館」のプロジェクトを進めるのと並行して、河さんは朝鮮人無縁仏のお墓の探索や、徴用により強制連行された朝鮮人の記録の調査活動も行っていた。

きっかけは田沢湖町によって建てられた「姫観音建立由来」の案内板の説明に深く疑問を持ったことだったという。

辰子姫伝説*の伝わる田沢湖には一九三九年に姫観音像が建立された。奇しくも河さんの生まれた年である。

その由来は長年不明とされていたが、八五年に掲げられた町の案内板では「国策でダムと発電所が建設された時に絶滅したクニマスと辰子姫の霊を慰めるため」と説明されていた。これに河さんは大きな違和感を覚えた。

戦時下、三八年から四〇年にかけて、田沢湖をダム湖とみなして先達、田沢湖、生保内、

＊〔辰子姫伝説〕観音様に永遠の美を祈願した辰子姫の伝説。お告げに従い泉の水を飲んだ辰子は渇きが癒えず、飲み続けてついには泉を枯らし、自らの姿は龍に変じ、田沢湖に身を投げてしまう。嘆いた母が湖に松明を投げると辰子は国鱒に姿を変え、母に湖から国鱒が絶えることはないと告げたという。

夏瀬に発電所建設が行われた。国策だった建設工事は工期わずか二年間の厳しいスケジュールで進められ、寒さと過酷な労働、食糧不足や発破事故で多数の犠牲者が出た。その中には徴用された朝鮮人が多く存在し、田沢湖周辺にひそかに埋葬され無縁仏となっている……と河さんは両親や周囲の大人たちから聞かされていた。姫観音は恐らく苛酷な労働で命を落とした朝鮮人たちなどへの慰霊のために建立されたのではないか？と推測し、個人的に調査を始めた。八〇年のことである。田沢湖町にも問い合わせた。

当初は田沢湖町の人からは「田沢湖畔での徴用はなく、亡くなった朝鮮人を無縁仏として埋葬したといった事実もない」と言われたという。

調査を始めると「おめえ、ここに何しに来たんだ、みんな平和に暮らしているのに事を荒立てにきたのか」「昔のことをほじくり出しにきたのか、なにか恨みでもあるのか」と田沢湖町の人や在日同胞からも反発され、警戒された。

「そういうことではなく、ただ歴史の事実を明らかにしたかった。強制連行されて命を落とした人たちがどこに埋葬されているのかを明らかにして、そして慰霊をしたかった。本当は日本政府や韓国政府が調査し、慰霊をすべきことでした。誰もやっていないから、せめて私が田沢湖周辺だけでもやろうと思ったんです」。

田沢湖町周辺には小学校や中学校時代の同級生たちもいて、ずっと親密な交流が続いていたが、この件では多くが口をつぐみ、やがて離れ始めた。

田沢湖町の人たちの反応からは徴用され亡くなった朝鮮人の問題については触れたくない、調査や真実の解明を望んでいない雰囲気が強く感じられる。悲惨な、かつて行われた非人道的な出来事には目をつぶっていたい……という思いを感じざるをえない。

そうなると「田沢湖祈りの美術館」を田沢湖町の人たちが最初からどうとらえていたのかも少々微妙な話となる。

祈りの美術館が田沢湖町で亡くなった朝鮮人の慰霊を目的としており、多くの在日作家の作品が展示されるということに対しては、もしかすると当初からやや及び腰だったのではないだろうか。

一方で美術館を作るという提案には大いに乗り気でもあったのだろう。美術館を建物から収蔵品まで用意するという申し出はまたとない魅力的な申し出なのだから。観光による利益優先で先走っていたのかもしれない。

美術館のコンセプトには及び腰だが、町おこし的には美術館計画に乗りたい……その二つの間で揺れ動きながら、なかなか決断を下さなかった、あるいは下せなかったというのが当時の田沢湖町の対応だったのではなかったのだろうか……。

そして日韓関係の冷え込みの中、一方的な協議破棄に至ったのではないか。

なお、田沢湖町の人たちが徴用された朝鮮人の調査に冷ややかな態度をとる中、河さんは諦めず、調査を進めていった。次第に資料が見つかり、真相の究明も少しづつ進んでいった。九〇年には田沢寺で朝鮮人無縁仏追悼慰霊祭が行われ、慰霊碑も建立された。河さんは全和凰の「百済観音」「弥勒菩薩」を田沢寺に寄贈し、田沢寺に祀られている朝鮮人無縁仏の位牌の施主となり供養も始める。「祈りの美術館」建設計画が破談になる少し前である。

九一年には田沢寺に納められた朝鮮人無縁仏と姫観音の建立趣旨書が発見された。姫観音は当時の工事犠牲者を慰霊するために建立された事が明らかとなり新聞でも報道された。その後、九八年には先達発電所工事に関わる朝鮮人徴用者三百七名の名簿（四六年厚生省「朝鮮人労働者に関する調査」秋田県覚書）が公開されている。

事実が明らかになっていく中、河さんは九〇年より田沢湖町民らと共に姫観音の慰霊祭、田沢寺の朝鮮人無縁仏供養会を十一回執り行っている。

「祈りの美術館」計画は挫折したが、しかし田沢湖の朝鮮人無縁仏の事実を突き止め、慰霊するという目的は果たされ、そして続けられてきた。

河さんの今の願いは姫観音前の掲示板解説を補追記し「姫観音は戦時中の発電所工事による犠牲者を慰霊する観音様である」旨の史実を明記してもらうことだ。


もしも田沢湖畔に祈りの美術館ができていたら……


「田沢湖祈りの美術館」は、在日作家の絵画作品を通して、互いの歴史を共有し、理解しあい、融和していくことを目的としていた。さらに絵画作品を通して朝鮮文化や朝鮮の歴史も知ってもらうことで、日韓関係を未来にもつなげていこうという意図があった。

「それだけではない。戦時中の国策工事により、玉川からの毒水流入で田沢湖の国鱒は死に絶えた。国鱒の再生、田沢湖の蘇りを祈念する美術館でもあったのですよ」と河さん。

プロジェクトが破棄されたのは三十年以上も前のことだ。しかし三十年の時を経て、今も田沢湖祈りの美術館計画が挫折した経緯を語りはじめると、河さんの声は熱を帯び、無念な思いがにじむ。

「ここに祈りの美術館を作りたかった」という思いの強さを感じる。

無縁仏として多くの朝鮮人が眠る土地だからこそ、ここに、在日の子孫たちの為にも日韓の未来につながるような美術館をつくりたかったという河さんの無念な思いを感じるのだ。

「もしここに美術館ができていれば……」と、日韓の間でさまざまな問題が起きるたびに、過去何度も思ったことがあるのではないだろうか。

「この美術館は日本と韓国の融和という目的もありました。お互いのしこりを溶かしてお互いに理解しあっていく、そして歴史も共有していく。そういうことで僕は計画を立てたわけなんです。戦前に不幸に亡くなった方たちは犠牲者なんだよ。日本人も同じ。韓国人も同じ。その当時は共同運命体みたいなものだった。

美術を通して過去の歴史を振り返って、そして風化させず、そして美術を通して日本の人たち、美術館に来る人達との間で在日の存在とか、朝鮮の我々の歴史とか、過去の歴史を回顧する。内省する場が必要だと。そういう大きな意味をもった美術館だったんです。

ただ、物好きで絵を集めていたのではない。大きなビジョン、視野があって始めた計画だったのだから。後世にむけての教育的な意義もあるし、歴史を学ぶ場でもある。一緒に育んでいけば、両方の国にとっても、これからの次の代の人たちにとっても、とてもいい出会いの場となる。田沢湖だけでなく、秋田県にしても日本にとってもとても惜しい。田沢湖に韓日友好のために美術館を作りたかったという痛恨の思いは今も消えません」。

第5章

光州市立美術館で輝きを放つ河正雄コレクション

「祈りの美術館」計画の挫折、光州市立美術館との出会い

河さんが心血を注ぎ進めていた「田沢湖祈りの美術館」計画はあともう少しで実現というところで、田沢湖町が協議を破棄して頓挫してしまった。美術館開設の夢は潰えた。同時に長年に渡ってコレクションしてきた在日作家の作品も展示され、鑑賞されるはずの場所を失う。

これらのコレクションはどうなったのか。そして河さんの「祈りの美術館」開館の夢はどうなったか……。

二〇二四年の今、明らかになっているのは、その後も河さんは在日作家の作品を中心に数多く美術作品のコレクションを続け、それらのコレクションのほとんどすべてを韓国や日本の公的美術館、大学機関などに寄贈してきたことである。その総寄贈点数は一万二千点あまりにものぼる。

河さんは熱心な絵画コレクターにして熱心な絵画寄贈家という大変希有な存在になってい

たのである。

中でも多くの作品を寄贈し、強い関係を持っているのが光州市立美術館だ。

一七年には河さんの名前を冠した「光州市立美術館分館 河正雄美術館」が開館した。在日韓国人の名前を冠する韓国で二番目の公立美術館だ。なお、最初に在日韓国人の名前を冠した美術館は一二年霊岩に開館した「霊岩郡立河正雄美術館」である。

一九九二年、光州市立美術館がオープン

河さんと光州市立美術館との強い関係はどのようにして始まり、築き上げられてきたのか。両者の関係が築き上げられる大きなきっかけとなったのが、「田沢湖祈りの美術館」計画の消滅だ。

一九九二年、河さんは大きな失望の中にあった。

「あれだけ準備していた祈りの美術館の計画が消滅してしまって、私としては捨てられたような気持ち、まるで孤児になってしまったような気持ちでした。ずっと集めてきたコレク

ションも宙ぶらりんな状態になってしまった」。

そして同じ九二年八月、韓国・光州では地方初の公立美術館として光州市立美術館が華々しくオープンしていた。

河さんは光州盲人福祉協会関係の仕事で光州を訪れていた際に、開館間もない同美術館から「見に来てほしい」という連絡を受ける。

「光州は全和凰さんの展覧会準備のために八一年に訪れて以来、縁ができた街。その時に視覚障碍者の方と出会って、韓国光州盲人福祉協会会館設立の発起人にもなり、八二年からのライフワークとなり、光州へは時々訪問するようになっていたんですよ」

鳴り物入りでオープンした光州市立美術館は、立派な建物で、館内の展示室も六室あった。しかし収蔵品は当時わずかに百五十点余り。展示室で実際にオープンしているのは一室のみ、という状態だった。

建物は建てたが予算不足で、学芸員の数も十分ではない。企画展を開くためのノウハウや企画力もない。課題が山積した状況であることは、河さんにはひと目でわかった。

実は美術館訪問への誘いがあった際に、関係者から「河さんのコレクションから一、二点寄付していただけないか」という話をもちかけられていた。かつて河さんが発起人となった「全和凰画業五〇周年展」を光州でも開催したことはもちろん知っていて、河さんが在日作家を中心に数多くの絵画作品をコレクションしている人物であることも熟知していたのだ。

「寄贈の話が出たときに、〝一、二点というのは足して三点ということですか〟と冗談風にカマをかけてみたんですよ。すると〝そうです。よろしくお願いします〟とすぐに言われましたね（笑）」。

「記念展示室を作りましょう」という驚きの提案

美術館で館長の車鐘甲《チャ・ジョンガプ》氏に会うと「二、三点寄贈していただけるとのことですが、内部の施設をぜひ見てください」と、スタッフから連絡が入っていたのか寄贈点数が変わっていた。

「これはもっと多くの絵画作品の寄贈を希望しているんだなということがわかったので、

〝二、三点ということは五点ということですね〟と、さらに突っ込んでみると〝そうです。よろしく頼みます〟と言われました」

さらにまだ、オープンしていない展示室を河さんに見せ、「この一室を河さんの記念室としますので、絵を寄贈していただきたい」という驚きの提案をしてきたのである。

案内されたのは五十坪ほどの広さの展示室だった。

「五十坪の展示室に作品はどのくらい必要か。百号くらいの大きい作品も入れて、だいたい三十点くらい展示できるでしょう。年に四回、三か月ごとに展示を変えていくとしたら、最低でも百二十点程度の作品は必要で、できれば二百点くらいの寄贈作品が必要であると、計算しました」

最初の話の二、三点から四、五点といった寄贈では到底、展示室として運営が成り立たない。

河さんは館長をはじめ美術館関係者に「川口の自宅に来てください」と伝えた。何点寄贈するかは言わなかった。

「作品を見ていただき、受け入れたいと思うようであれば寄贈しましょう、と伝えました」

寄贈の依頼、そしてさらに展示室の一室をコレクションの展示に提供するといった提案……光州市立美術館があまりに唐突にかつ矢継ぎ早に重要な提案を切り出しているのに驚く。公立美術館が、開館直後にいきなり個人蒐集家の寄贈コレクション専用の展示室を提供するのは大変に異例なことではないだろうか。はたして美術館関係者の間で吟味された提案だったのか。

勝手な推測だが、開館したものの収蔵作品が二百点にも満たない中、立派な「箱」に見合う展示を早急に実現しなくてはならないという状況に光州市立美術館の人々は追い込まれていたのではないか。言葉は悪いが、なりふりかまわず、収蔵作品を増やしたかったように感じられる。

一方、河さんが寄贈を決めたのは、その決断の速さには驚くが、それまでの経緯を考えると心情としては理解できる。

展示する場を失ったコレクションの一部を光州美術館に作られる記念展示室で韓国の人たちに見せることができれば、「祈りの美術館」で目指した趣旨と同じにはならなくても、少なくとも夢の一部は実現することができる……。同美術館からの「河さんのコレクションのための展示室を作る」という申し出は心惹かれるものだっただろう。

川口を訪れた美術館関係者を驚喜させた提案

河さんの提案を受け、後日、光州美術館の館長を含むスタッフ四人が、川口の河さんの自宅を訪れた。

そこで河さんは二百十二点もの作品の寄贈を申し出たのである。

「五十坪の部屋で年四回展示を変えていくとしたらこのくらいの点数の作品が必要でしょう。在日の作家のコレクションをしているので、そうしたテーマの展示を行いましょう」と提案して美術館関係者を驚かせる。

寄贈を申し出た作品は全和凰、宋英玉、郭仁植、文承根、郭徳俊、李禹煥の六人の作家のコレクションだ。戦前に日本に渡ってきた在日一世作家、日本で生まれ育った在日二世作家、そして戦後韓国から日本に来て日本を拠点に活動する作家。河さんがコレクションした「在日作家」の中でも重要な柱となる六作家の作品だった。

美術館に絵の代価を求めるという話ではない。寄贈である。それもいきなり二百点を超える絵画作品の寄贈だ。光州市立美術館のスタッフたちは当然のことながら色めきたち、驚喜した。

この時の様子について妻の昌子さんは、もっと違った印象を持っていた。

「あの時、光州から訪問された四人のうちの一人は夫が応援している画家の呉之湖さんのご子息の呉承潤さんだったんです。その方が、途中で『僕はちょっとホテルに帰りたい』とおっしゃったので私がお送りしたんですよ」と昌子さん。

呉承潤氏は河さんからの思いがけない提案に、ただただ大喜びする関係者たちを見て、いたたまれない思いになっていた。「私たちが押しかけていって、しかも予想よりずっと多くの作品を寄贈していただくというのが申し訳なくて、とても座っていられなかった」と昌子さんに語ったそうだ。

「田沢湖祈りの美術館」の計画が消滅し、展示の場を失ってしまった在日作家のコレクションを、光州市立美術館へ託そうという河さんと、収蔵作品を増やすことで頭がいっぱいの光州市立美術館の関係者。……おそらく妻の昌子さんの目には、両者の寄贈に対する思いの違いが見えていたのではないか。

ひとことでいってしまうと、美術館側の寄贈への受け止め方は「軽い」。まずは美術館の所蔵作品を増やしたいという思いが先走り、コレクションを寄贈する側の心情や思いをくみ取り、その作品を所蔵する意味について考察するといったことは美術館関係者、学芸員の間で充分には行われなかったのではないかと感じる。

「ゴミを贈られた」——寄贈後に起きたバッシング

こうして一九九三年に河さんは二百十二点の作品を光州市立美術館に寄贈した。同年十月には「河正雄コレクション記念室」がオープンし、「祈りの美術展」が全館で開催され、寄贈全作品が展示された。

全和凰の『弥勒菩薩』をはじめとして、宋英玉の『三面鏡』、郭仁植の『作品65-301』、文承根の『活字球』、郭徳俊の『無意味』、そして李禹煥の『線から』『点から』といった六人の在日作家による数多くの傑作が展示された。田沢湖で計画していた「祈りの美術館」が完成したら河さんがぜひとも行いたかった展覧会ではなかっただろうか？
続いて同年全和凰の個展「祈りと求道の芸術――全和凰回顧展」も開催された。

現在の視点から客観的に見ると、光州市立美術館は、「祈りの美術館」計画が消滅してしまったという河さん側の事情を知らずに、絶好のタイミングで寄贈を要望し、優れた絵画作品を所蔵する幸運に恵まれたといえる。

ただし、光州市立美術館の関係者のすべてがこの寄贈の価値や意味を分かっていたわけではない。また在日の美術コレクターが美術館側の所蔵数を超える作品数を寄贈したことを快く思わない人や、「記念展示室」を用意するといった美術館側の特別待遇に反発する人も少なからずいたようだ。

そうしたノイズは「祈りの美術展」を開催後、すぐに表面化してきた。「在日作家のゴミのような作品ばかりだ」といった陰口、悪口が聞こえてくるようになったのである。

「全和凰さんの作品を暗い、汚いと言ったり、世界的に注目され始めていた李禹煥の作品をミミズが這ったような絵であるとか、わけがわからないものだといった悪口をいう人たちが美術館関係者にもいた。残念ながら当時の光州は絵を理解できる人が少なかったんです。在日作家たちをゴミと形容した言葉が悔しかったですね。傷つきました」。

話しているうちに「在日をバカにしている」と、河さんの声は高くなる。

大切にコレクションし、さまざまな思いが込められた寄贈作品が貶められ、かつ次元の低い悪口を言われたのだから、その怒りは当然のことだ。

記念室を光州ビエンナーレ展示室として無断使用

さらに河さんを怒らせ、美術館への不信の念を抱かせる出来事が起きる。

寄贈から二年後の一九九五年、光州市立美術館を訪問すると河さんの記念展示室が当時開催中の光州ビエンナーレの展示室に置き換わっていたのだ。事前になんの相談や連絡もなかった。

寄贈時の約束では美術館側はその展示室を「河正雄記念室」にするということだった。

「契約書もなく口約束でしたが、人間には礼儀というものがある。作品を寄贈する代わりにここを記念室として寄贈作品を展示するということだったのに、これはどういうことなのか。光州ビエンナーレのためにここを展覧会場として一時使わせてほしいという相談があれば、私も了承しました。しかしなんの挨拶もなく、突然展示室がなくなるようなことは礼儀もなにもない。こういうことはしてほしくないと抗議しました」と河さんの口調は怒りで熱気を帯びてくる。

寄贈者を美術館側が軽んじていたといわれても仕方がないだろう。

河さんが在日作家たちの作品を蒐集してきた熱い思いに対して、美術館側は収蔵品を確保したいというという目先の目標に関心がいきがちで、寄贈作品を評価したり、寄贈の意味を考えるといったことがなおざりだったのではないだろうか。

また九〇年代初めのころのアジア各国の美術館は「世界的に有名な作品、評価の高い作品」に価値を見出し、獲得に力を入れていたようにも思う。

「在日作家とその作品」の展示は非常に高い見識が示されているが、当時の韓国の美術界や韓国社会においては在日作家への関心は決して高くはなく、作品への評価も高くはなかった。在日作家の作品を展示する意義や価値を理解する人も少なかったのである。

李禹煥は現在、「現代アートの巨星」として韓国でとても人気が高く、多くの韓国人がこの世界的な芸術家を誇りとしている。しかし、当時は世界的に注目されはじめたころで、韓国ではまだ一般には認めれてはいなかった。美術界においても充分に高い評価がなされていなかったのではないか。

「当時韓国で、私が蒐集した在日作家の作品に適切な評価ができる美術館関係者は残念ながらほとんどいなかったんです。いや、韓国だけでなく日本の美術関係者を含めて、在日作家の私のコレクションを理解し評価できたのは美術評論家の千葉成夫先生を除いてあまりいらっしゃらなかったですね」と河さんは、当時のことを思い出し、もどかしそうな表情で語る。

その後も熱心に続けられた光州市立美術館への寄贈

さて、はなはだ不愉快なできごとが続いて起こり、河さんはどうしたのか？

通常なら光州市立美術館との関係はこれで打ち切り、さらに「寄贈を取り消す」といった争いが美術館との間に起きても不思議はないように思う。

しかし河さんは、その後も光州市立美術館への寄贈を熱心に続けていくのである。一九九九年の第二次寄贈以降は寄贈協約書を交わすようにはなったとはいえ、不愉快な出来事など何もなかったかのように以前以上に熱心に、ひたむきに寄贈を続けていった。

年表を見ていただこう。

寄贈はなんと、二〇一八年の第七次まで続けられている。

しかも第三次のように千点を超える膨大な数の絵画作品が贈られていることもある。こうして約二十五年の間に絵画作品として二千六百三点が光州市立美術館に寄贈された。

【光州市立美術館への寄贈の経緯】

第一次寄贈　一九九三年　二百十二点
第二次寄贈　一九九九年　四百七十一点
第三次寄贈　二〇〇三年　千百八十二点
第四次寄贈　二〇〇八年　三百五十七点

第五次寄贈　二〇一二年　八十点
第六次寄贈　二〇一四年　二百二十一点
第七次寄贈　二〇一八年　八十点

河さんの取材をしていると、「なぜそこまでするのか？」という疑問が何度も湧き上がってきたが、この件については特に強くその思いを持った。いわれないバッシングや美術館側の誠実とはいえない対応を経験しながら、なぜ狂おしいまでに熱心に寄贈を続けたのか？

「光州で寄贈を決めた時に車鐘甲館長から言われた言葉が〝サランヘジュセヨ〟。光州を愛してください。次が〝トワジュセヨ〟、支援してください、助けてくださいという言葉。そして三番目に言われた言葉が〝キウォジュセヨ〟、育ててくださいという言葉でした。姜英奇光州市長（当時）からも言われました。それに僕はこたえようと思ったんです。市長や館長からの寄贈要請の言葉をぶれずに守り通したんです。初心を貫き、第七次寄贈まで続いたのです」と河さんは「哲を曲げない仁義」をクールな表情で語る。

在日作家を中心としたさまざまな美術展を企画

「在日の人権展」では北朝鮮系の在日作家も紹介

光州市立美術館での河さんの活動をもう少し詳しく見ていこう。

記念展示室を無断使用された事件の翌年、一九九六年に再び全和凰展が開催された。そして九九年の第二次寄贈では四百十七点の在日作家の作品が河正雄コレクションに加わる。この年再び「祈りの美術展」を開催。一次二次の寄贈作品全六百八十二点を展示する大規模な在日作家の展覧会となった。

さらに翌二〇〇〇年には光州ビエンナーレで針生一郎氏が企画・キュレーターを務めた「芸術と人権」展という特別展に連動する形で、光州市立美術館では「在日の人権展――宋英玉と曺良奎そして在日の作家たち」展が開催された。当時ビエンナーレの企画委員、広報大使の役を務めていた河さんによる企画である。

前年（九九年）に死去した宋英玉、そして一九六〇年代に日本から北朝鮮に渡って消息不明となった曺良奎《チョ・ヤンギュ》の名前がタイトルに入っているこの展覧会は、四五年以降の在日韓国・朝鮮人の作家二十三名、百点余の作品で構成されたが、北朝鮮系の在日作家の作品が韓国で初めて本格的に紹介された展覧会となった。

タイトルにある曺良奎（189ページのコラム参照）は残された作品が少なく、蒐集が大変難航した。九〇年代に入ってようやく四点の作品をコレクションすることができ、その貴重な作品を光州市立美術館に寄贈した。韓国の人たちも、初めてこの悲劇の画家の作品を実際に目にすることとなった。

このほか、二次の寄贈で新たにコレクションに加わった在日作家としては一九三九年広島生まれの呉日《オ・イル》や一九四九年大阪生まれの孫雅由《ソン・アユ》などが挙げられる。

呉日は少年時代から放浪生活を送る苛酷な生活環境の中で画家を志し、さまざまな美術展に出品。九五年から河さんはコレクションを始め、「在日の人権展」でも出品を依頼し「光州

A」「光州B」が展示されていた。

孫雅由は多摩美術大学を中退後、幅広い手法で数々の作品を制作して国内展・国際展に出品していた。九九年に孫氏と初めて会った河さんは、「在日の人権展」への出品を依頼し、作品二点が展示された。

一九五六年生まれの姜慶子《カン・ギョンジャ》のような若い在日三世作家たちの作品も登場している。姜の「作る人」は明るい色彩の漫画的な表現で、曖昧となっていた在日三世のアイデンティティ探索をテーマとしていた。

在日一世作家の作品は差別の中を生きる苛酷さや南北統一を願う思いがストレートに描かれたものが多かったが、やがて時の流れと共に、抽象化した形で社会や在日の内面を描く作品が登場し、さらに自らのアイデンティティを問う作品まで幅広く、表現もさまざまであったことが、当時の美術評論からは伝わってくる。

コラム

北朝鮮に渡って消息を絶った悲劇の天才画家・曺良奎

一九二八年に慶尚南道に生まれた曺良奎《チョ・ヤンギュ》は、戦後小学校教師となるが、プロレタリア美術への関心から政治活動に参加。逃亡生活を送ることとなり、密航船で四八年に日本に渡ってきた。

東京の深川枝川町の朝鮮人部落に住み、武蔵野美術大学に学ぶが、五二年に中退。日本アンデパンダン展、自由美術展に出品するなど画家として活動する。社会性を主題とした「朝鮮に平和を」「仮面をとれ」、「密閉せる倉庫」などの倉庫連作、「マンホール」連作を発表し、新人洋画家の登竜門・安井賞の候補に二度挙げられるなど、その才能は日本国内でも注目されていた。しかし、日本に暮らすうちに資本主義の暗黒面に悩むようになり、かつ祖国の政治的分断や韓国の状況、そして日本社会の在り方に絶望し、六〇年、「日本の友よ、さようなら」という言葉を残し、妻と二人の子と共に北朝鮮に渡った。北朝鮮からチェコスロバキアに美術留学した後、北朝鮮での短期間の記録を残して、消息を絶つ。

画家の夢を抱いて秋田から上京した河さんは憧れの存在だった曺良奎が北朝鮮に帰国したことを知ると、自らも北朝鮮に渡って絵の勉強をしたいと思ったこともある。

「当時、昼間は配電機器メーカーで働き、夜は日本デザインスクールで商業デザインを学ぶ生活を送りながら、曺良奎のように絵を描きたいと熱望していました」。

河さんが在日作家のコレクションを始めると、宋英玉氏や李禹煥氏からも曺良奎のコレクションを熱心に勧められたという。しかし作品数自体が少なく、なかなかコレクションのチャンスはなかった。時間をかけ、苦労をしながら、蒐集を続けた。

「日本の植民地下の朝鮮に生まれてその支配からの脱出を願い、解放後は朝鮮戦争の後の南の社会政治情勢下にあって日本へ逃亡し、十二年間を暮らした。最後は新天地を求めて北朝鮮に渡って消息を絶った。悲劇的な運命を生きた人です。曺良奎は分断国家の政治と韓日の不幸な歴史背景が生んだ画家です」と河さんは語る。

大反響を呼んだ伝説の舞姫・崔承喜の写真展

二〇〇二年には写真作品の寄贈と写真展の企画も行った。光州市立美術館の創立十周年記念として開催された「伝説の舞姫・崔承喜写真展」だ。

日本統治下にあった戦前・戦時中に世界的に活躍した朝鮮出身の伝説のダンサー崔承喜《チェ・スンヒ》の写真展である。

それまで韓国の美術館では写真展の開催は無かったという。

しかし、戦後(解放後)、北朝鮮に渡った後に消息を絶ち、長らくタブーとされる存在だった崔承喜の実像と魅力を稀少な写真で紹介したこの展覧会は韓国で大反響を呼んだ。

しかし、河さんが注力してきたのは在日作家の絵画コレクションであり、写真作品は明らかに異質だ。

そもそも、なぜ崔承喜の写真をコレクションし、写真展を企画することになったのか？

発端となったのは、韓国の崔承喜研究の第一人者で韓国中央大学校名誉教授だった鄭昞《チョン・ビョン》浩《ス》氏との出会いだった。

一九九七年、河さんが会長を務めている「在日韓国人文化芸術協会」主催のセミナーで鄭氏に「崔承喜の芸術と生涯」という講演を依頼し知遇を得たのがきっかけで、鄭先生が崔承喜に関するフィルムを研究用に秘密裡に蒐集してきたことを教えてもらい、実際にそのスライドを見せてもらったのである。

第二次大戦後、夫や娘と共に北朝鮮へ渡り、その後六〇年代に粛清されたとされる崔承喜について言及するのは韓国では長らくタブーだった。

八八年の「越北芸術家解禁措置」がとられる以前は、崔承喜の研究もその資料や写真を収集することも禁じられていた。その中で、鄭氏はひそかに資料を集め、崔承喜の研究を進めていたのである。苦労して集めたポジフィルム、ネガフィルムは三百六十枚程度だった。

ステージの写真、ステージ衣装や取材やインタビュー時などの大変貴重な写真が集まっていたが、すでに半分は風化していた。このままにしておくと、誰にも知られずに貴重な崔承喜の写真がすべて粉になってしまう。時間の余裕はない。劣化が進むフィルムをプリントし、せめてパネルという形で残さなくてはならない。その時、光州市立美術館河正雄記念室で崔承喜の足跡を振り返る展覧会ができないかと思いついたという。

「崔承喜の素晴らしさは小学生の頃から話には聞いていたけれど、映像資料などもほとんど残っていない。しかしこのフィルムをパネルにして写真展を開催すれば、彼女がどういう人物であったのか、どんな魅力をもったアーティストであったのかを、今の人たちに伝えることができると思ったのです」。そこで写真展を開催するためにフィルムを寄贈してもらえないかを鄭氏に頼んだ。だが鄭氏の反応はそっけないものだった。

危険を冒し何十年にもわたって蒐集し、研究してきたフィルムをそうそう簡単に他人に譲れるものではなかったのだろう。

だがその二年後、東京を訪れた鄭氏から再び連絡があり、「あなたに委ねます。あのフィルムを贈りましょう」といわれた。

「私が美術という形で崔承喜の足跡を見せよう、広めようと思っていることをわかっていただいて、フィルムのコレクションを譲っていただけることになりました。長年かかって集められた写真コレクションを譲っていただけたことは、いまもその決断に感謝しています」

劣化していたフィルムを修正し、パネル作品に

だが、そこから展覧会開催にこぎつけるまでにはさらに、数多くの困難があった。鄭氏から譲り受けたフィルムを光州市立美術館に寄贈した上での、展覧会開催を考えていたが、当初美術館はフィルムの寄贈受け入れには消極的だった。当時の韓国では写真を芸術として認識している人は少なく、美術館においても名のある絵画作品などを収蔵することに熱心で、写真をコレクションすること、フィルム資料の価値が見いだされてなかったのである。「だから断られても断られても、寄贈を受け入れるように力説しました。海外のコレクションの例を引いたりしてね。このフィルムは歴史上大事なものだし、ここで写真展を開かないと、崔承喜の存在が風化してなくなってしまうとね」。最後は「私財を使ってでも、写真展を開催する」と交渉し、三回目にようやくフィルムとパネルにした写真作品を美術館のコレクションとして受け入れてもらうことになり、写真展の開催も認められた。

写真展の開催は決まったが、フィルムからパネルを作る展示の準備は予想以上に大変だった。

七、八十年前から九十年以上前のフィルムは傷みが激しく、ボロボロになって風化寸前のものも多かった。そのフィルムを専門業者に委託して一点一点修正してもらいながらパネルを作っていった。特に、原版から複写されたと思われるフィルムからのパネル化は困難を極めた。

こうしてさまざまな苦労を乗り越えて、「舞姫・崔承喜写真展」は実現。美術館の全フロアを使い切り、百数十枚のパネル作品が飾られた。

大きく引き伸ばされた崔承喜の容姿の圧倒的な迫力に、多くの人が驚き、魅了されたという。

写真の展示解説には韓国の演出家で崔承喜研究家の鄭英雄氏、そして写真の解説や年譜は元のフィルムの所有者であった鄭昞浩氏が担当した。また展示したパネル作品のカタログも作られた。

カタログには写真展で展示した崔承喜の写真が載っているが、華やかでゴージャスなその姿は今見ても、新しい。

残念ながら当時の映像はほとんど残っておらず、崔承喜の舞踏の素晴らしさを実際に見ることはかなわない。そうした中で、わずかに残されたフィルムから崔承喜の芸術性や魅力を浮かび上がらせ、多くの人に実際に提示した写真展は非常に意義のあるものだったといえるだろう。

「本人はもういないのだから現実にその踊りを見ることはできない。そういう中で、写真展を開いて、崔承喜の魅力を作品として残したんだから、我ながらよくがんばったと思います。これは僕の金字塔です」。

この展覧会は光州市立美術館で三か月間開催された後、韓国各地の美術館でも巡回展示が行われた。

実績を認められ、終身名誉館長に

崔承喜の写真展からはコレクター、寄贈家としてだけでなく、展覧会の企画や学芸員的な河さんの卓越した才能を感じさせる。

光州市立美術館とは依然として緊張関係にあったのだろうが、河さんは寄贈を続け、そして展覧会で着々と実績を作った。自らのコレクションによる様々な企画展を開催し、存分に活躍している河さんの姿がそこにはある。

美術館側も河さんの実績を認め、二〇〇一年には光州市立美術館の終身名誉館長に任命した。

その後も、さらに精力的に同美術館への寄贈を続けていく。特に〇三年、第三次の寄贈では千百八十二点、〇八年の第四次の寄贈では千六百九十一点という膨大な作品を寄贈している。

企画展は〇四年「文承根展」、〇五年「呉日展」、〇六年には〇二年に死去した孫雅由の回顧展と次々と在日作家の個展が開催されていった。

「文承根展」は光州ビエンナーレ記念として開催。作家が亡くなって二〇年後の個展となった。この展示にインスパイアされた京都国立近代美術館の河本信治学芸課長（当時）は〇七年に京都国立近代美術館で「文承根・八木正　一九七三―八三の仕事」を開催している。京都を拠点に活動し、一九八〇年代前半に若くして逝去した二人のアーティストに焦点をあてた展示だ。

寄贈作品の幅も次第に広がっていった。当初の寄贈は在日作家の作品だったが、第三次の寄贈以降、韓国人作家、北朝鮮作家、そして中国や日本の作家の作品も寄贈されるようになる。

光州市立美術館分館 河正雄美術館がオープン

開館記念展は李禹煥の展覧会を開催

光州市立美術館と河さんとの間は時に緊張感をはらみながらも、河さんが寄贈を続け、美術館でさまざまな展覧会や展示を行うという形で緊密な関係が続いていった。

そして二〇一七年三月三日に「光州市立美術館分館 河正雄美術館」が開館する。

それまでの本館内の記念展示室から、独立した美術館となったのである。本館から離れたところにある旧全羅南道知事公館だった建物で二百三十坪ほどの広さだ。

開館式典には文在寅大統領夫人の金正淑氏も臨席し、テープカットを行った。

開館記念展は現代アートの巨星李禹煥の展覧会が開催され、続いて、在日一世として苦労しながら創作活動を続けた宋英玉の「生誕百年展」が開催された。

かつて光州市立美術館で「ミミズが張ったような」などと悪口もいわれた李禹煥はその後、韓国出身の世界的アーティストとして大変人気となり、主要美術館も熱心にその作品の蒐集に乗り出した。大人気のため贋作問題が起きたことがある。真贋を調べる時の一つの大きな判断材料となるのがアーティストのサインだが、この時、光州市立美術館が所蔵していた河さんのコレクションの李禹煥作品が真贋判定の基準となったという。

「多くのアート作品は画商を通じて購入されます。しかし、河正雄コレクションの李禹煥作品は彼自らが選んで、私に譲った作品であることがはっきりしていて、正真正銘の本物であることが明らかでしたからね。他の美術館の関係者はみんな光州市立美術館に行って、調べたようですよ」と誇らしげに語る。

コロナ禍にあった二二年一月からは「河正雄コレクションハイライト・オンラインVR」が約一年間開催された。開館三十年を迎えた光州市立美術館が未来に向け「スマートミュージアム」を指向し、コロナ禍が長期化する中でも、インターネットを通じて美術に親しんでもらおうと企画したものだが、展示作品は河さんのコレクションのうち代表的な六十作品余り。

韓国近代美術の流れを把握できるように選ばれたものだが、同時に河正雄コレクションの概要・特色も示されていた。二十五年間に及ぶ寄贈は、対象とされる作家も次第に広がり、テーマもより広い要素を内包するようになった。

コレクションの価値は黙っていても理解される

実は河正雄美術館開館後にも河さんへのバッシングはあった。「河正雄は光州市と強制的協約を結び過重に栄誉を得ている」といった批判で、光州のKBSで連日のように放送もされたという。

光州市立美術館の名誉館長であり、美術館も開館した河さんを快く思わない美術館関係者と人目を引きそうな話題に飛びつくメディアが引き起こしたフェイクニュースだと河さんはいう。この経過を私たちに語る時、当然のことながら河さんは怒りをあらわにしてはいたが、ただ、反論をしたり、訴訟を起こすといった実際的な行動には出なかった。

「なぜかというと彼らから頭を下げて寄贈を請い、〝愛してくれ〟、〝助けてくれ〟、〝育ててくれ〟と言われたから。その後で相手がどんな難くせをつけようが、そんな理のないことで考え方がころころ変わるような人間ではないんですよ」と河さん。

その言葉からは絵画作品収集への思いや、寄贈してきた情熱を理解してもらえないことへの歯がゆさ、無念さ、そして悪意ある曲解への憤怒も感じられた。ただ、怒りをあらわにして抗議するといったことは、河さんの流儀には反することだったのだろう。「道理道義にかなわぬ行為に追随しても何の益にもならない。日本に居住する在日韓国人が祖国の人と争うなんて恥ずかしいことです。相手と同じ次元の人間にはなりたくなかった」と考えて沈黙を保ったという。

率直にいって、現代社会では不当なバッシングや中傷に対しては、抗議し白黒はっきりつくまで戦うべきではないかと思う。しかし河さんは、そのようなことは無益だと考え、「戦わずに収める哲学と信念」という生き方を通したようだ。

「僕はものごとの筋をわかって作品を蒐集している男であるし、その価値にまだ誰も気がつかない作品も将来を見すえ蒐集してきました。あの時、誹謗中傷した人たちには理解できなかっただろうけれど、今は多くの人が私のコレクションの価値を理解している。時が最終的には解決してくれるんですよ」と誇り高き表情を見せた。

「祈りの美術館」の夢を他の美術館で実現し、共有していく

河さんが寄贈を行ったのは光州市立美術館だけにとどまらない。釜山市立美術館（四百四十一点）、大田市立美術館（二百三十三点）といった韓国の公立美術館数館にも少なくない数の美術作品を寄贈している。河さんの故郷となる霊岩の郡立河正雄美術館には四千五百七十二点もの作品を寄贈した。

寄贈の全容については六章をお読みいただきたいが、さまざまな美術館で「河正雄コレクション」の世界が花開いている。

「田沢湖祈りの美術館」の夢が潰えた後、光州市立美術館と出会った時に河さんは「祈りの美術館で実現したかったことをこの美術館を借りて少しでも実現していこう」といった新たな目標を持ったのではないだろうか。

「この世の中に天国を作りたい」という全和凰の言葉に強く共感した河さんは、実現できなかった「田沢湖祈りの美術館」をほかの美術館の中で実現していくことにした……。そんな少し突飛でそして壮大な夢を抱いてまい進してきたという気がする。

だからこそ、河さんはひたむきに美術作品を収集し、徹底して寄贈を続けてきたのではないか。一九九〇年代以降の「美術収集家にして美術館への寄贈家」という非常に稀な河さんの活動の目標は「祈りの美術館」の実現であり、それは光州市立美術館の「河正雄美術館」でまずは豊かな実を結んだように思う。

「蟻一匹が象を倒すということわざもありますからね。私のように人から〝ちょっと気の狂った〟と言われる人間が一人いれば、風も吹くし、花を咲かすこともできる。世の中を明るくすることもできる。そういう役目が果たせれば、僕はそれで十分だと思う。賞をいただくとか、お金を儲けるということはどうでもいい。もちろん、くれるといわれれば、いただきますけどね(笑)。一番うれしいのはみんなに絵を見てもらって、同じような美的感覚が共有できること。共有してもらうこと。そして祈りの心を感じてもらえ、幸せになってもらえること。それを絵画コレクションで作れたという矜持はあります」。

コラム

日本人をそして世界の人々を魅了した伝説のダンサー・崔承喜

崔承喜《チェ・スンヒ》は第二次大戦前、戦時中に日本をはじめ世界で活躍したモダンダンスの女性舞踏家だ。

一九二〇年代はモダンダンスが世界を席巻した時代だった。二十世紀初頭、西洋でバレエなどのクラシックなダンスに反旗を翻して生まれたモダンダンスは、二〇年代になってドイツ、アメリカ、日本で発展し、日本では石井漠が世界的に注目される現代舞踏家となっていた。

崔承喜は、少女のころ石井獏のソウル公演を見て感動し、二六年、わずか十五歳で日本に渡り、石井漠舞踏研究所で舞踏を学ぶ。すぐに頭角を現し、やがて独立して活躍する。

モダンダンスに東洋的な動きや感性を融合させた独自のスタイルを確立した崔承喜の舞踏は日本だけでなく、ヨーロッパ、アメリカでも注目され、二〇年代半ばから三〇年代にかけて、世界の人々を魅了した。

その人気の高さは今の私たちの想像をはるかに超えるものだったようだ。

三八年からの世界巡回公演では、民族的伝統美を生かしたモダンダンスによって「朝鮮の舞姫」

（日本では「半島の舞姫」）として注目され、ジャン・コクトー、ピカソ、ロマン・ロラン、ヘミングウェー、チャプリンといったといった当時の欧米を代表する芸術家や知識人を魅了した。日本では文学者の川端康成や、民藝運動の柳宗悦といった文化人、知識人が彼女を称賛し、注目した。それだけではない。日本中にファンがいて、雑誌のインタビュー記事にもしばしば登場。一九三六年公開の主演映画『半島のダンサー』は大人気でなんと四年間もロングランを続けている。なお、三九年の創氏改名令施行後も、「崔承喜」の名前で活躍していった。四四年には東京・帝国劇場で二十日間の連続公演を成功させている。日本の敗色が濃くなっていく時期だったのにも関わらず、観客が詰めかけ連日満席となった。いかに日本人が崔承喜に魅了されていたかがよくわかる。

日本でそして世界的にも注目され、大人気を誇った崔承喜だが、第二次世界大戦後は、苛酷な運命が待っていた。

解放後の韓国に戻った崔承喜は戦時中に日本軍の慰問活動に参加したことを厳しく批判され、夫・安漠《アン・マク》の勧めを受け、安漠と娘の安聖姫《アン・ソンヒ》と共に北朝鮮へ渡った。当初は大変厚遇されたが、やがて政治抗争の中で安漠が失脚後（粛清されたと推定される）、六〇年代以降は舞台出演も減少し、やがて消息がわからなくなりその後はその存在自体が消されていった。

韓国においても北朝鮮に渡ったということで、他の北朝鮮に渡った芸術家（その多くは粛清）と同様、長らく触れてはならぬタブー的な存在となった。

崔承喜の名前も存在も時の流れの中で忘れられ、埋もれていった。

韓国でタブーが解かれたのは、ソウル五輪直前の八七年のこと。ようやく越北芸術家の復権措置が取られたのである。

北朝鮮においては二〇〇三年二月九日に突如、崔承喜の名誉回復がなされた。そして一九六九年に死去し、現在は愛国烈士陵に「人民俳優」として葬られていることが公表された。

河さんは小学三年生の頃に崔承喜のことを知ったという。ある教師が「学生の時に秋田で崔承喜の公演を見たけれど、素晴らしかった」と感動を伝えてくれたのだ。その後、彼女のことをより詳しく知るようになり、崔承喜の戦前・戦中の栄光と、戦後の悲劇的な運命に対し、在日として生きる河さんは強い共感と哀感を抱くようになっていったという。

「踊りの才能で日本人を魅了し、さらに世界的に注目を浴びた崔承喜が、戦後は韓国と日本、北朝鮮と日本との関係の中で、運命が歪められ、翻弄されていった。このことは在日の人間にとっては他人事ではなかった。崔承喜のことが忘れられていく中、偉大でかつ愛おしき人物である崔承喜を改めて顕彰したいという思いはずっと以前からありました」

「崔承喜、すばらしいでしょ？」と展覧会のカタログのページを繰る河さん。鎌倉で撮影されたという水着の写真を見せていただいた。

「有名な『菩薩の舞』の崔承喜のポーズはカンボジアのアンコール・ワットの仏像の姿にヒントを得たものだと思います。このことは私が初めて唱えたんですよ。カンボジアまで行ってその彫刻を見てきたんですが、カンボジアの仏像はものすごくエロチックなんですね。崔承喜はカンボジアまで行ってこの仏像を見たのか、あるいは写真で見てヒントを得たのではないか？　その結果このような菩薩の舞が創作されたのだと、私は思います」。

崔承喜再評価のうごき

近年、崔承喜については韓国でも再び関心を持つ人が増え、研究者も増えた。

「いろいろな人が研究をし始めています。それが私の一番の喜びです。みんなに知ってもらえる。歴史遺産として共有していける。崔承喜という人物を我々は忘れてはいけない。世界的な舞踊家です。こういう人こそ、我々の次の代へ、忘れずに風化させないで、伝えていかないといけない」

なお河さんは二〇一五年に崔承喜の母校、淑明女子大学校民族資料館にも蒐集した崔承喜の写真や記録、映像など七百十八点の資料を寄贈している。

二一年には崔承喜生誕百十周年を記念して、東京大学で崔承喜のオンラインシンポジウム「崔承喜の芸術とその生涯を考える」が開催された。河さんも「崔承喜と在日コリアン」というテーマで登壇している。

また同年十二月末には、彼女の生涯を題材にした一人芝居「母 My Mother」（鄭義信作）も上演された。女優で舞踊もしているみょんふぁ（洪明花）氏による一人芝居だった。娘の安聖姫の側から母・崔承喜を見た芝居だ。

「崔承喜は北朝鮮に渡って、中国にも行き、また北朝鮮に戻った。娘さんも大変な思いをたくさんしている。娘の嘆きや苦しみや母との葛藤が非常に細かく描かれていた。劇作家・鄭義信はよく勉強しているなと思いましたね。女優さんも崔承喜を継承していこうという使命感をもっている感じだった。若い人たちの意気に、非常に好感を持ちました。新しい視点で、よくやったと思う」。

さらに在日二世が日本か韓国で崔承喜を映画化したいという話が出てきている。

映画『道―白磁の人―』の製作に関わった李春浩が中心となり、話が進んでいるそうだ。

第6章

河正雄コレクションから見えてくるもの

半世紀以上の蒐集・寄贈作品が示す世界観

三十代後半から絵画コレクションをはじめた河さんの蒐集歴はすでに五十五年以上になる。蒐集した絵の点数は在日作家作品を中心に一万二千点あまり、百人以上の作家に及ぶ。絵画作品以外にも彫刻やタイル陶芸作品、写真作品などのコレクションもある。

詳細は255ページ以降の目録をご覧いただきたい。コレクションした画家は「在日」「韓国」「北韓（北朝鮮）」「中国」「日本」「世界」の六つのジャンルに分けられ、絵画作品を中心に版画、立体作品などで構成される。このほか、韓国陶器、そして中川伊作の南蛮焼を中心とした日本陶磁（器）コレクションがある。

一般の美術コレクターと大きく異なるのは、コレクションのほとんどすべてを美術館などの公的施設に寄贈しているということだ。

絵画コレクションを始めるきっかけは全和凰の絵との出会いであり、そこから日本の植民地支配下に犠牲となった朝鮮の人々の慰霊をする「祈りの美術館」設立という大きな夢が生まれ、美術館に展示する作品として在日作家の作品を集めるようになったことはここまでの章で何度か触れてきた通りだ。

その一つの夢がついえた後、河さんの寄贈活動が始まる。光州市立美術館を中心に情熱的に寄贈が始められ、やがては韓国や日本の美術館や大学などの公的機関も含めての寄贈が続けられてきた。

いまとなると、当初「祈りの美術館」のために集められていった作品数より、その後に集められた作品のほうが多い。

半世紀以上に渡って、蒐集され寄贈されてきた河正雄コレクションとはどういうものなのか？

河正雄コレクションの主要な作家、作品と河さんとの関係を簡単に紹介しよう。

在日作家

河正雄コレクションの大きな柱であり、また河さんが寄贈を始める大きなきっけなったのが在日作家の作品だ。戦前・戦中から戦後と幅広い世代の作家たちの作品がコレクションされている。

▼戦前・戦中に来日し、創作活動を行った在日作家

全和凰（チョン・ファファン）一九〇九〜九三

代表作 「一燈園風景」「群像」「カンナニの埋葬」「避難民」「アリラン峠」「再会」「ある日の夢・銃殺」「弥勒菩薩」など

寄贈 光州市立美術館、霊岩郡立河正雄美術館、京都市美術館など

プロフィール

一九〇九年平安南道安州（現在の北朝鮮の中部）に生まれ、二十歳で朝鮮美術展に入選し画家となる。しかし当時の多くの朝鮮の若者たちと同様に、厳しい日本の植民地政策の中で苦悩する日々を送る。二十六歳の時に宗教家・社会奉仕家である西田天香と平壌で出会い、その思想に感銘を受け、絵筆を捨てる。三九年に日本に渡り、西田が運営する京都の一燈園に入園した。

その後、西田の勧めや洋画家・須田国太郎との出会いによって、日本で画家として活動を再開する。終戦時一燈園を退園し、戦後は、京都山科の九条山を拠点に創作活動を続け「一燈園風景」（京都賞）、「群像」（行動美術賞）など数々の作品を発表。

コレクションの経緯（河さんとの関係）

河さんは作品「弥勒菩薩」と出会ったのをきっかけに、一九七〇年代から全和凰の作品のコレクションを始め、その後「祈りの美術館」実現に向け、全和凰に加え在日作家作品の蒐集を開始した。

八二年には日本（東京・京都）と韓国（ソウル・大邱・光州）で「全和凰画業五〇年展」が開催され、大きな反響を呼んだ。日本においては再評価、韓国においては全和凰という作家の存在を知らしめ、かつ、それまで注目されてこなかった在日作家への関心もこの展覧会をきっかけに高まった。

九三年、河さんは全和凰作品九十二点を光州市立美術館に寄贈。同年と九六年に光州市立美術館で個展が開かれている。京都市美術館には「ある日の夢・銃殺（一九五〇）」一点、仙北市立角館町平福記念美術館にも寄贈、アーティゾン美術館（当時はブリヂストン美術館）には「坂本先生御夫妻の散策（一九八九）」を作家が寄贈している。

郭仁植（クァク・インシク）一九一九〜八九

代表作「作品65-301」「作品65-401」「作品65-402」「work86-ぅM」「work86-SK」

寄贈　光州市立美術館、釜山市立美術館、霊岩郡立河正雄美術館など

プロフィール

一九一九年、慶尚北道大邱に生まれる。三七年、十八歳の時に来日し、日本帝国美術学校に入学。戦前は日本名を名乗り、独立展、自由美術展、二科展を経て日本近代の前衛芸術の運動に岡本太郎らと共に参加した。

戦後（解放後）韓国に戻った兄が北朝鮮のスパイに間違えられ拷問を受けて亡くなったため、日本に踏みとどまる道を選択する。二科会展や美術文化協会展に出品し、五五年には美術文化賞を受賞。五七年以降は無所属作家として活動し、日本国内の美術展のほか、サンパウロ・ビエンナーレ、シドニー・ビエンナーレなどの国際美術展で作品を発表。六〇年代のガラス板や金属板などの素材による作品は、六〇年代後半に日本の美術界に起こる「もの派」に大きな影響を与え、現代美術の先駆者的な役割を担ったとされる。

八五年ソウルの「韓国国立現代美術館」（当時）で「元老作家帰国展」という大規模な回顧展が開催され、郭仁植は三九年ぶりに帰国した。

コレクションの経緯

戦前から日本で活躍していた郭仁植と河さんが知り合ったのは一九八二年。「全和凰画業五〇周年展」に郭氏が来訪したのがきっかけとなり、郭仁植の作品コレクションを始める。光州市立美術館のほか、釜山市立美術館、霊岩郡立河正雄美術館などに寄贈。

韓日共同開催ワールドカップが行われた二〇〇二年には、光州市立美術館で光州ビエンナーレを記念する特別展「郭仁植の世界」が開催された。

宋英玉（ソン・ヨンオク）一九一七〜九九

代表作 「三面鏡」「犬」「広島・灯籠流し」「漁師」「女の手品師」など。

寄贈 光州市立美術館、霊岩郡立河正雄美術館など

プロフィール

一九一七年済州島に生まれ、小学四年生の時に父の後を追い、大阪にわたる。ガラス工場で働きながら勉学に励み、四四年に大阪美術学校を卒業。解放後、朝鮮籍であったため、総連系とみなされ韓国に帰郷することができず、日本で差別をうけながら、疎外、貧困の中で画家として活動を続けた。五七年からは東京で自由美術協会展と平和美術展に参加。貧困のため、新しいキャンバスを購入できず完成した作品を塗りつぶし、新しい絵を描くこともあった。作品には自らが体験した苦痛が表現されているという。

コレクションの経緯

河さんは一九八二年から宋英玉氏のコレクションを始め、五八〜九二年にかけての絵画作品五十一点を蒐集した。これは現存する宋英玉の作品のほぼすべてとされ、光州市立美術館、霊岩郡立河正雄美術館に寄贈されている。

宋氏と河さんは作家と美術蒐集家という関係を越え、長年にわたって交流している。晩年の宋氏が白内障の手術が成功した後には、伝説の女性舞踊家・崔承喜を描いた「長鼓舞」

（一九八二）を贈られた。河さんは宋英玉作品を「重く沈静した画風」と評価するがその中にあってこの作品は珍しく華やいだ色彩だったそうだ。

二〇一七年、光州市立美術館分館としてオープンした河正雄美術館にて「宋英玉誕生百年展」が開催された。

▼戦後（解放後）の在日作家

第二次大戦終結後、日本に暮らすことを選んだ、あるいは選ばざるをえなかった朝鮮人の多くは「在日」という存在となる。日本に生まれ育った朝鮮人は「在日二世」として、祖国の分断や日本社会での差別など、さまざまな軋轢を経験することになり、その中から、在日二世の画家たちが生まれてきた。

一方、戦後、韓国から日本に渡り、日本で創作活動をはじめた画家、さらに日本を拠点として国際的に創作活動を行う作家たちもいる。それぞれの背景は異なるが、河さんは彼らすべてを「ディアスポラな存在」ととらえ、「在日作家」としてコレクションを行っている。

曺良奎（チョ・ヤンギュ）一九二八～没年不詳

代表作　「朝鮮に平和を」「仮面をとれ」「密閉せる倉庫」（倉庫シリーズ）、「マンホール」シリーズ

寄贈　「倉庫31番」「首を切られたにわとり」「倉庫番」「東京駅」など四点を光州市立美術館に寄贈

プロフィール

一九二八年、慶尚南道晋州に生まれる。晋州師範学校を卒業後、小学校教師となるが、プロレタリア美術への関心から南労党で政治活動に参加。逃亡生活を送ることとなり、四八年密航船で日本に渡る。

東京・深川枝川町の朝鮮人部落に住み、武蔵野美術大学に学ぶが、五二年に中退。その後、日本アンデパンダン展、自由美術展に出品するなど画家として活動する。

社会性を主題とした「朝鮮に平和を」「密閉せる倉庫」などの倉庫連作、「マンホール」連作を発表。新人洋画家の登竜門・安井賞の候補に二度挙げられている。
六〇年、妻と二人の子と共に北朝鮮に渡り、短期間の記録を残して、消息を絶つ。
現存する作品は日本に暮らした十二年間に創作されたもので、作品数は少ないが貴重な作品と評価されている。

コレクションの経緯

一九八〇年代になって、河さんが在日作家の蒐集を本格的に進めるようになると、宋英玉、李禹煥といった作家からも曺良奎のコレクションを勧められ、熱心にその作品を探したが、作品数自体が少なく、コレクションはなかなか実現しなかった。

絵を売りたいという人物が現れても、結局売るのを辞めたり、話が立ち消えになることが多かったという。「その中には『マンホールB』もありました。後になって、所蔵者から宮城県美術館に寄贈されましたが」。

ようやく九〇年ごろに銀座のある画廊で「倉庫31番」(一九五五)、「首を切られたにわとり」

（一九五五）を購入することができた。その後、美術評論家の針生一郎氏から水彩画「倉庫番」の寄贈を受け三点をコレクションする。これらの作品は九九年に光州市立美術館に寄贈された。

さらに二〇一六年に五十年代初期の作品を所有者の遺族から購入し、「東京駅風景」が追加コレクションされ、合計四作品が光州市立美術館分館 河正雄美術館に寄贈されている。

これらの貴重な作品は「再び捜し出した近代美術展」（国立徳寿宮美術館九八～九九年）「祈りの美術展」（光州市立美術館九九年）、「在日の人権展」（光州市立美術館二〇〇〇年）で展示。一五～一六年には「日韓近代美術家のまなざし――『朝鮮』で描く」展が日本国内六美術館での巡回展で展示された。

郭徳俊（クァク・ドクチュン）一九三七～

代表作　「大統領と郭」「反復」「無意味」「風化」など

寄贈　光州市立美術館、霊岩郡立河正雄美術館、埼玉近代美術館など

プロフィール

一九三七年京都に生まれた郭徳俊は、小学二年生の時に終戦を迎え、その後「在日韓国人二世」として生きることになる。五五年京都府立日吉ヶ丘美術工芸高校日本画科を卒業するが、二〇代前半に結核を患い三年間の療養生活を送り、死を意識する中で創作活動を始めた。六六年に京都で初めての個展を開き、その後は京都、大阪、東京、ソウルなどで個展を開催。サンパウロ・ビエンナーレ展、リュブリアナ国際版画ビエンナーレ展、ソウル国際版画ビエンナーレ展、クラコウ国際版画ビエンナーレ展といった世界各地の国際版画展に出品。七二年の東京国際版画ビエンナーレでは、文部大臣賞を受賞している。

絵画、写真、版画、パフォーマンス、映像と多様な媒体を通して旺盛に活動。コンセプチュアル・アートの影響を受けた七〇年代以降は、「大統領と郭」「計量器」「反復」「消失と表出」など、八〇年代は「記録」「無意味」、九〇年代には「風化」といった多様なシリーズを発表していく。

日本で生まれ育った在日韓国人であることから、韓国では日本人作家、日本では韓国人作家として紹介されることが多かった。戦前戦後の韓日の狭間の中で生き、日本と韓国の両国で文化的社会的に異邦人、ディアスポラとして存在することになる。

二〇〇三年には韓国国立現代美術館で「本年度の作家」に選ばれるなど、韓国でも新世代の芸術家として知られるようになっていった。

コレクションの経緯

河さんは一九七〇年代、有望な新人芸術家として日本の美術界で評価されるようになった在日二世作家の郭徳俊を誇りに思い、関心をもつようになった。作品をコレクションするため、京都で初めて会い、「祈りの美術館」計画の話もして、大きな賛同を得たという。初めてコレクションしたのは「EVENT/RELATION—行為・一貫性」という版画作品四点。国際東京版画ビエンナーレの文部大臣賞受賞作である。

河さんが特に惹かれたのは六〇年代の作品で「胡粉と石膏を接着剤で固め、釘でひっかいた陶器のような凹凸のある絵肌の独自の作品を生む。在日のアイデンティティや時代を証言するメッセージを強く受け取りました」。しかしこれら初期作品は長らく本人によって封印され、コレクションはできなかった。

コレクションは「自画像」「アメリカ大統領と郭」の大統領シリーズなど。光州市立美術館などに寄贈された。

二〇〇〇年、光州ビエンナーレの記念展「在日の人権展」で作品を展示。一二年には開館二十周年を迎えた同美術館の河正雄コレクションとして個展「郭徳俊展」も開催された。

李禹煥（イ・ウファン／日本美術界ではリ・ウファン）一九三六〜

代表作 「点より」「線より」「風より」「照応」「対話」「応答」

寄贈 光州市立美術館に四十三点、霊岩郡立河正雄美術館に十一点

プロフィール

現代アートの巨匠として世界から認められる李禹煥は一九三六年、韓国慶州南道に生まれた。中学生の頃、朝鮮戦争が勃発した世代で、五六年、ソウル大学校美術大学に入学するが、その年の夏、日本の親戚を訪れたのをきっかけにそのまま日本に。拓殖大学で日本語を学んだ後、日本大学文理学部哲学科へ編入し、ハイデガーを学ぶ。大学卒業後は、演劇や日本画の画法を学びながら、美術的表現に関心を深めていった。

六七年サトウ画廊で個展をひらき、前衛的芸術表現で注目され、六八年に起こった「もの派」運動の中心的人物として知られるようになる。

七〇年代以降も新たな表現の挑戦を続け、パリ・ビエンナーレ、ヴェネチア・ビエンナーレなど多くの国際展への出品を続けた。七〇年代後半からは多摩美術大学で教えながら、製作と発表の場をヨーロッパに移す。

二〇〇〇年代以降、世界各地の美術館などで李氏の個展が盛んに開催されるようになり、世界的に注目されるアーティストとなり、現在に至っている。

線や点を繰り返し描く作品（「点より」「線より」）など、その作品は抽象的な現代アートであり、韓国や日本からは「移民性・ボヘミアン性」を指摘されることも多い。

コレクションの経緯

河さんが李禹煥の作品に関心を持つようになったのは一九八〇年代のことだ。李禹煥氏との交流については四章でも触れたが、世界的にブレイクする前の李禹煥氏の活動をサポートしたことからコレクションが始まる。最終的には五十四点を蒐集し、「From Point（一九七四）」「With Winds（一九九〇）」など、八〇年代以降の李禹煥作品が系統的にコレクションされている。

韓国で生まれ、戦後日本に留学し、日本でアーティストとしてのキャリアをスタートさせた李禹煥を「在日作家」とするのは、少々違和感があるが、河さんにとっては李禹煥氏も在日二世の作家たちも戦後の日本社会を拠点として創作活動を行っており、同じように「在日作家」という位置付けとなる。

文承根（ムン・スングン）一九四七〜八二

代表作 「untitied」「活字球」

寄贈 光州市立美術館に百十二点

プロフィール

文承根は戦後の一九四七年、石川県小松市に生まれた。ほぼ独学で創作活動を開始し、六〇年代後半、抽象画家の吉原治良に見いだされ、吉原氏が主催する前衛美術集団「具体美術協会」の展覧会に参加。六九年には第五回国際青年美術家展で、美術出版賞を受賞する。この時、大賞を受賞したのは李禹煥だった。

具体美術協会解散後は、独自の表現を求め、京阪神地域を中心に個展を開催。また、国内外のグループ展にも出品する。

六〇年代は「藤野登」名で作品を発表していたが、七一年から、文承根（MOON SEUNG-

KEUN）を名乗るようになった。

七七年、第一回現代日本版画大賞展でアルシュ・リーブ賞を受賞。韓国にも進出し、ソウル国立現代美術館のエコール・ド・ソウル展、韓国現代版画・ドローイング大展、ソウル版画ビエンナーレなど発表の場を広げ、世界にデビューする目前、八二年に病気のため三十四歳で死去。

八四年に東京と京都で追悼展が開催された。戦後生まれの在日画家であり、郭仁植氏など、年長の在日画家からもその才能に大きな期待が寄せられていたが、惜しくも早世した。

コレクションの経緯

文承根の作品について河さんが本格的に知ったのは、一九八四年にギャラリーQで開かれた「文承根追悼展」だった。画家の郭仁植氏からの依頼もあり、この時、十二点の文承根の作品をコレクションし、以後蒐集を始める。

日本を拠点として活動を始めていた李禹煥氏もまた、文承根の才能を高く評価していた一人で、河さんが李氏と初めて会った時に文承根の話になると「文承根は才能があった。惜しい友人をなくしたと思っている。同胞として、先輩として何故、生きている時に、温かい言葉をかけてあげられなかったのかと今も自責の念に駆られている」と語ったという。

第五回二〇〇四年光州ビエンナーレ記念として、光州市立美術館で「文承根展」を開催した。文承根が亡くなって二十年以上の月日が流れていた。

また、この展覧会を京都国立近代美術館の河本信治学芸課長（当時）が観覧・注目したことがきっかけとなって、〇七年には京都国立近代美術館にて「文承根・八木正　一九七三―八三の仕事」が開催された。京都を拠点に活動し、一九八〇年代前半に若くして逝去した二人のアーティストに焦点をあてた展覧会だった。

呉日（オ・イル）一九三九～二〇一四

代表作　「光州A／B」

寄贈　光州市立美術館に九十四点

プロフィール

一九三九年に広島で生まれる。四五年、祖母に連れられて韓国・居昌に帰国したが、朝鮮戦争を体験。六年後、十二歳の時に鹿児島に渡り、その後大阪に暮らす。家庭の事情で、以降放浪生活に入り、炭鉱、染物屋、パチンコ店、皿洗いなどさまざまな仕事を経験しながら画家を目指す。十九歳で上京し、画家の道に。六〇年代には日本朝鮮文化芸術家同盟（文芸同）の美術部会員となり、日本アンデパンダン展（一九六一～六八）、在日朝鮮青年展（一九六四～六六）、平和美術展（一九六四～六八）、黄土展（一九八三～八六）などに出品。その後、二〇〇四年まで、三十五回にわたる個展を開くが、作家として注目されることも、生活の厳しさから脱することもかなわなかった。

コレクションの経緯

河さんは早くから呉日氏とは面識があった。一九六二年、六三年の日本アンデパンダン展に二人とも出品し、同室で展示されたことで知り合ったという。

九五年、光州市立美術館河正雄記念室で開催された「光州の五月精神展」では在日作家の作品として宋英玉と共に呉日の作品を展示。その後、作品をコレクションし、光州市立美術館河正雄コレクションとして呉日作品の寄贈が始まる。

二〇〇〇年に光州市立美術館で開催された「在日の人権展」では、呉日氏に出品を依頼し、「光州A」「光州B」を展示。光州市立美術館に寄贈、河正雄コレクションとなっている。二〇〇一年、在日の起業家で日本デザイナー学院や学校法人呉学院を創立した呉永石氏が死去すると、遺族から同氏の呉日コレクションを光州市立美術館河正雄コレクションへ寄贈したいという申し出を受け、五十一点の呉日作品が寄贈された。二〇〇五年、光州市立美術館主催による『在日作家　呉日展』が開催され、コレクションされている呉日の作品五十六点が展示された。

二〇一七年に回顧展「河正雄コレクション　呉日回顧展—ゼロ(無)の叫び」が、ソウルの金《キム》熙《ヒ》秀《ス》記念秀林《スリム》アートセンターで、一八年に光州市立美術館分館 河正雄美術館主催で開催されている。

孫雅由（ソン・アユ）一九四九〜二〇〇二

代表作　「予響曲」「形態の消去」シリーズ

寄贈　光州市立美術館、釜山市立美術館、浦項市立美術館、仙北市立角館町平福記念美術館、埼玉県立近代美術館など

プロフィール

一九四九年、大阪曽根崎に在日韓国人二世として生まれる。十七歳で美術家を志して上京し、高山登（もの派の代表的作家のひとり）の教えを受けた。多摩美術大学に入学するがその後退学し、当初はパフォーマンス、インスタレーション、ビデオ作品等を中心に活動し、その後銅版画やドローイング、油彩など、幅広い手法で数々の作品を制作。数多くの国内展・国際展に出品する。

七六年、宝塚の山中の小屋をアトリエにして「現前」シリーズを制作。七〇年代後半から

は銅版画やドローイングの制作に取り組んだ九四年には京都に住居を移し、九〇年代後半は巨大な《空間の間合い》シリーズを制作している。九七〜九八年スコットランド、エジンバラに留学。

二〇〇二年に病のため、五十三歳の若さで死去した。

コレクションの経緯（遺族から作品二千点余の寄贈を受ける）

孫雅由氏と初めて会ったのは一九九九年のこと。二〇〇〇年に光州市立美術館で在日同胞作家の展示「在日の人権」展を企画していた河さんは孫雅由氏の出品を依頼し、氏の京都のアトリエを訪ねて、作品二点のコレクションを決めた。

「在日の人権展」には孫雅由氏も招待され光州市立美術館を訪れている。この時、同美術館での孫雅由氏の個展の企画も立ち上がり、個展に向けて新たな作品の制作も依頼していた。ところが、「在日の人権」展開幕の日に、光州のホテルで体調不良に。実はガンを患っており、闘病生活を送っていた。そのまま日本に戻り、個展開催も実現しないまま、〇二年に亡くなった。

その後、河さんは孫雅由氏の夫人桜井和子氏から、遺された作品の一部を買い取り、残りの寄贈先を決める作業を依頼される。二〇〇〇点余の作品が残されており、全作品の寄贈先が決定するまでには膨大な時間がかかった。光州市立美術館の河正雄コレクションをはじめ、釜山市立美術館、浦項市立美術館、仙北市立角館町平福記念美術館、埼玉県立近代美術館など韓国や日本の美術館を中心に寄贈作業を続け、二一年に完了した。

「奥さんが私のことを信頼してくださった。その作家・作品を後世に残すこと、さらに広めていくことを目指している人間だと私のことを認めてくださったんだと思います。どの美術館にどの作品が適しているかといった、キュレーター的な役割も果たせたと思います」

孫雅由の死から四年後の〇六年、一七四点を寄贈した光州市立美術館で「孫雅由回顧展」を開催する。その後、〇八年釜山市市立美術館主催による「河正雄コレクション　孫雅由展」、〇九年には全羅北道立美術館、一二年に太田市立美術館、一八年に浦項市立美術館と韓国各地で孫雅由の個展が開催されていった。さらに二一年には埼玉県立近代美術館へ寄贈され、翌二二年同館で「特集　孫雅由の小宇宙」展が開催された。

河さんは孫雅由とは彼の晩年に知り合ったが、亡くなった後も夫人を通じて深くかかわりをもつことになった作家だった。

金石出（キム・ソクチュル）一九四九年〜

代表作 「光州1980・5・27」

寄贈 光州市立美術館に三十六点

プロフィール

一九四九年に岐阜県に生まれた。八〇年に金戴亮氏と共に若い在日作家たちをメンバーとした「高麗美術会」を結成するなど、在日三世の作家たちに大きな影響を与えた。「高麗」という言葉にはイデオロギーや国籍を乗り越えて祖国の統一を目指したいという願いが込めていたという。

大阪市立美術研究所でデッサンを勉強しつつ、印刷所を経営するかたわら、在日朝鮮人問題をテーマに作品を描き続ける。八〇年に起きた5・18光州民主化運動（日本では「光州事件」として報道された。「光州民主化抗争」などの呼び方もある）に大きな衝撃を受け、「光州1980・5・27」という大作を発表。また、八〇年代に銅板を学び、多数の銅板作品も発表している。二〇二四年には光州市立美術館分館 河正雄美術館にて「金石出・蘇る記憶展」が開催された。

コレクションの経緯

河さんは一九八二年に京都市立美術館で開催された『全和凰画業五〇周年展』の開幕式に出席した金石出氏と知り合い、高麗美術会の活動も知る。そして三十六点の作品をコレクションし、光州市立美術館に寄贈した。

▼在日女性作家

戦後は、多くの女性作家たちが登場した。在日二世では崔広子、金登美、李菊子（三浦利江子）らが活動し、やがて一九八〇年代には、金英淑、金仁淑、姜慶子など三世の女性作家たちが登場。経済成長下の日本で生まれ育った彼女らの多くは、思想信条を超越した創作に向かい、多様な自己表現を求めるようになった。

金英淑（キム・ヨンスク）一九六七年〜

代表作「風の舞」（一九九二）、「生—明日吹く風」（一九九九）、「生—春風」（二〇〇一）

寄贈 光州市立美術館に四十九点

プロフィール

一九六七年、大阪に生まれる。高校を卒業後、本格的に絵画の世界に。八七年、大阪市立美術館美術研究所の研修生を経て、油彩を中心に数多くの美術展に作品を出展。主に女性像を描くのは肉体のフォルムを通して人間の営み、生と死の普遍性を表現したいからという。八八年全関西美術展出品（佳作賞、讀賣新聞大阪本社賞等）。八九〜二〇〇九年女流画家協会展に出品。九六年船岡賞、二〇〇〇年クサカベ賞受賞など、受賞多数。〇〇年、第三回光州ビエンナーレ特別記念「在日の人権」展に出品。〇一年第五回前田寛治大賞展。〇六年「光州二〇〇六河正雄青年作家招待展」（光州市立美術館）に出展。二三年、は光州市立美術館分館・河正雄美術館にて「河正雄コレクション在日ディアスポラ作家・金英淑展」が開催された。

コレクションの経緯

「在日の人権展」への出品を依頼した金石出氏から紹介され、その後、イタリア留学を支援。「光州二〇〇六河正雄青年作家招待展」では在日三世作家として初めて招待作家として出展。

姜慶子（カン・ギョンジャ）一九五六〜

二〇〇〇年「在日の人権」展で「作る人」などが展示される。明るい色彩の漫画的表現で曖昧になったアイデンティティの探索がテーマとなっていた。一四年に光州市立美術館で個展開催。

在日作家からさらに広がるコレクション

河正雄コレクションは在日作家の作品を中心にスタートするが、その後、時の流れと共に蒐集する対象となる作家はさらに広がりを見せていく。

また、もともと絵への関心が高かった河さんは、「祈りの美術館」計画が生まれる以前から、海外の美術作品のコレクションもしていた。当初はあくまで個人のコレクションであったそれらの美術作品もやがては「河正雄コレクション」という大きな河に融合し、寄贈されていった。

また、絵画作品だけでなく、写真や彫刻、陶磁器、タイルなどの立体作品もコレクションに加わっていった。

以下、コレクションされている作家の一部を紹介しよう。

▼韓国人作家

韓国人作家の美術作品は実はコレクション数としては最も多い。河さんが祖国の文化を愛し、憧れる強い思いがあったからだろう。韓国を代表する作家から、若手の作品まで幅広く網羅している。その多くは光州市立美術館をはじめとする韓国の美術館や日本の仙北市立角館町平福記念美術館などに寄贈されている。

朴栖甫（パク・ソボ）一九三一〜二〇二三

一九三一年韓国・慶尚北道醴泉生まれ。韓国を代表する画家。モノクロームの線画や韓紙の質感を活かした作風を発展させた韓国現代美術の先駆的存在であり、「韓国単色画」を代表する作家。七〇年代韓国の美術動向である「単色画（Dansaekhwa）」は近年世界的にブレイクし、国際オークション界を盛り上げている。

姜連均（カン・ヨンギュン）一九四一〜

水彩画家。5・18光州民主化運動（光州事件）前から作品の制作を始め、光州事件を題材にした作品を多く発表する。「天と地の間」では全羅南道庁陥落の光景を不透明水彩絵の具を使って表現。

宋賢淑（ソン・ヒョンスク）一九五二〜（ドイツ・ハンブルクで活躍）

看護師として派遣されたドイツで美術作家になった。光州市立美術館でディアスポラ作品展に登場した。

▼日本人作家

日本の作家では「5・18光州民主化運動（光州事件）」をテーマにした富山妙子をはじめ、『原爆の図』で知られる丸木位里・俊、戦争のない時代への祈りを人形で表現した人形作家の市橋とし子などの作品などがコレクションされた。

富山妙子　一九二一〜二〇二一

代表作　「倒れた者への祈祷」「終わりの始まり、始まりの終わり」

寄贈　光州市立美術館に四十六点

プロフィール

一九五〇年代〜六〇年代にかけて炭鉱をテーマとして絵画作品を制作し執筆活動を行う。

七〇年代以降は韓国の民主化運動と連帯し、強制連行や従軍慰安婦など日本の戦争責任を問う作品を多数制作。光州事件直後からは版画連作をおこなう。

コレクションの経緯

一九八十年代、コレクションを始めた光州の作家洪性潭氏から富山妙子氏との交流や友情の話を聞き、その存在を知る。日本人画家である富山氏が光州事件に抗議する作品を発表していたことを知り、富山氏の自宅を訪問。富山氏がドイツに政治亡命していた李應魯画伯とも密に交流し、李氏についての作品を発表していることを聞いた。「韓国の民主化運動に作品を通して国際的に連帯する意義意味を学びました」。

二〇〇五年に「5・18光州民衆抗争25周年記念展」のため富山氏の作品のコレクションを始める。

浮世絵コレクション

一九八二年に日本橋三越本店で開催された李方子妃のチャリティ作品展に際して知り合った芸能プロダクション代表の山口卓治氏から数多くの浮世絵作品を引き継ぎコレクションする。その中には米・ボストン美術館東洋部修理室主任の井口安弘氏の協力を得て発見された葛飾北斎などの浮世絵版木五百十四枚から現代の摺師たちの手で百八十年ぶりに摺られた貴重な作品が含まれている。

これらの浮世絵作品は、韓国朝鮮大学校美術大学美術館、そして霊岩郡立河正雄美術館に寄贈。二〇〇七年に江戸東京博物館で開催された「ヨーロッパを魅了した江戸の絵師・葛飾北斎」展のために里帰りし、展示された。

▼北朝鮮（北韓）・中国人作家

河正雄コレクションには鄭鐘汝《チョンジョンヨ》などの北朝鮮の作家、そして郭怡孮、古元はじめとした十七名の中国人作家の作品がある。これらのコレクションは、在日作家の李讃康所蔵のものだった。

一九九〇年代後半、李氏が闘病中に夫人から「寄贈するので役立ててほしい」との依頼を受け、河正雄コレクションとなった。「奥様によると李讃康氏が交流のあった画家たちから直接コレクションしたもので、いずれも北朝鮮、中国の著名な作家たちでした」。現在、これらのコレクションは霊岩郡立河正雄美術館と朝鮮大学校美術館の河正雄コレクションとして所蔵され、展示活用されている。

李讃康はソウル市生まれ、京都の須田国太郎美術研究所に入門、武蔵野美術大学東洋画家を卒業し、「麗しき朝鮮」「春香伝・広寒楼の場面」などの舞台作品もある。在日朝鮮中央芸術団の舞台美術を多く担当し、活躍した。

▼その他（写真・陶磁器作品など）

絵画・彫刻などの美術作品の他、写真や陶磁器などのコレクションも早くから始めていた。

崔承喜（チェ・スンヒ）に関するフィルムから起こしたパネル作品

第二次大戦前、戦中に日本をはじめ世界的に注目され活躍したモダンダンスの女性舞踏家。戦後、北朝鮮に家族と共に渡るが、一九六〇年代に粛清されたと推測される。韓国の崔承喜研究の第一人者鄭昞浩《チョン・ビョンホ》氏より崔承喜のポジ・ネガフィルム約三百六十点を譲り受け、パネル作品を製作した。それらを光州市立美術館に寄贈。同美術館で「崔承喜写真展」を企画・開催し、大きな反響を呼ぶ。

また、崔承喜の母校である淑明女子大学校（現）の民族博物館に崔承喜の写真や記録、映像など七百十八点の資料を寄贈している。

霊岩陶器博物館の河正雄陶器コレクション

コレクションの経緯

河さんが陶器コレクションを本格的に始めたのは一九七四年。韓国初訪問の際に、青磁白磁の作品コレクションを始める。当時日本のデパートでも柳海剛、池順鐸の作品の展示販売が行われ、買い求める。二〇〇〇年代に入り、山口卓治氏所蔵の池順鐸作品を多数コレクションした。

日本の陶磁器では中川伊作の南蛮焼を主にコレクションしてきた。一九七七年に髙島屋で開催されていた「中川伊作南蛮展」で同氏の南蛮焼に魅せられ、以降、中川氏と交流しながら継続的にコレクションした。

こうした韓国、日本の作家による陶磁器の三百点余は霊岩陶器博物館に寄贈。河正雄陶器コレクションとして所蔵され、展示活用されている。

▼世界の作家

もともと画家志望で、美術作品への関心が高かった河さんは「祈りの美術館」のアイディアが生まれる前から、欧米などを廻り世界各国の作家の作品コレクションも行っていた。そのコレクションはルオー、マリー・ローランサン、シャガール、ダリ、ピカソ、ブルース・ステイルマン、ベン・シャーンなどなど、多岐にわたる。しかし、文学者でもあり、国籍喪失者としてフランスで暮らしたこともあるヘンリー・ミラーなど、全体としてはディアスポラ的立場で世界と対峙した作家への関心がうかがえる。

これらのコレクションは光州市立美術館、釜山市立美術館などに寄贈されている。

「絵画コレクターにして寄贈家」という稀有な存在に

在日からディアスポラへ……世界観が広がっていったコレクション

河正雄コレクションの中心となる柱が「在日作家」だろう。

ただし、河さんが用いる「在日」という言葉と、日本で使われている「在日」の意味するところには若干ずれがある。

日本社会における「在日」という言葉は、韓国か北朝鮮に国籍を有し、日本に暮らす韓国・朝鮮系の人々ということになるだろうか。したがって留学した日本でアーティストとなった李禹煥氏は日本人としては「在日」ではなく「日本在住」という言葉がしっくりくる。

しかし河さんが用いる「在日」という言葉のもつ意味はもっと広く「日本に暮らしている

韓国・朝鮮系」の人を示しているようだ。日本に生まれ育った人だけでなく、日本に拠点を構えて製作している、あるいは日本を中心に世界各地で活動をしている人も含まれる。

コレクションを始めた当初は全和凰氏のように戦前に日本に来て、戦後は「在日」という立場で創作活動を続けた画家が中心だったが、年月がたつうちに日本に生まれ育った在日二世、在日三世の画家が登場するほか、韓国から日本に留学してきて日本で画家として活動をはじめた李禹煥氏のような新たな「在日」（河さんにとっての）なタイプも出現してきた。なお、戦前の崔承喜も日本を拠点に世界的に活動したという点で河さんにとっては「在日」の範疇に入る。

さらに国際化が進む中で、「在日作家」以外の作家もコレクションに加わっていった。たとえば日本ではなくヨーロッパを拠点とした韓国人作家や、在日二世、三世で海外に飛び出し活動をする画家、日本を含め世界各地で活動する韓国人の画家など、韓国・朝鮮にルーツをもつ画家の活動のあり方はより多様になっていった。

さらにコレクションの幅は広がって

韓国・光州で起きた「5・18光州民主化運動（光州事件）」にも関心が向けられ、光州事件をテーマにした作品のコレクションも加わる。この時は韓国人作家だけでなく日本人作家である富山妙子の作品もコレクションに加わった。

「コレクションの最初は苦難の中、亡くなった同胞の慰霊のために在日作家の作品を集めるところから始まりましたが、富山妙子さんのように日本の作家でも5・18事件に強い関心をもって創作をされる方がいる。彼女は有名な画家ですが、その作品には祈りがこめられています。祈りが込められた作品であれば、在日でなくてもコレクションしていこうとなっていきました」と河さん。

また「祈りの美術館」のアイディアが生まれる前から行っていた世界各国の作家のコレクションも、そのまま続けていった。当初こちらは寄贈を目的としていたわけではなかったが、やがてはこちらも寄贈の対象となり、「河正雄コレクション」に融合し、コレクションはさらに幅広い内容となっていった。

共通するのは「祈り」が込められた作品であること。

これは美術品蒐集を始めた当初から一貫している条件だ。

「最初は在日作家で、その次に日韓の作家、次がアジアで、そして世界に広がっていく。美術に国境はないと思いましたね。境界や柵というものは美術の世界にはないです」。

一方で同じ時代に生きている芸術家の優れた作品には国や民族を越えた共通の表現がある、と河さんは見る。美術作品にはその時代を映す共通の表現があり、その時代の貴重な証言、記録となる。

「素晴らしい美術作品はある時代の表現であり、その記録を次の世代につなげていくことができる。最初からわかってやってたわけではなく、次第に育っていった考えでしたが、今、河正雄コレクションを見ると、過ぎ去った時代の世界が表現・記録されていると思います」。

寄贈する美術館も広がりを見せる

長年続けられてきた蒐集活動、寄贈活動と共に、寄贈する美術館も広がっている。当初は光州市立美術館への寄贈から始まり、現在も寄贈数では圧倒的に同館が多いが、その他韓国の国公立美術館十館あまりに寄贈している。河さんの父母の故郷である霊岩には寄贈作品をもとに二〇一三年に霊岩郡立河正雄美術館を開館しているほか、釜山市立美術館、全羅北道立美術館、朝鮮大学校美術館、大田市立美術館、浦項市立美術館などに寄贈を行っている。

日本では、京都市美術館、埼玉県立近代美術館、秋田県仙北市立角館町平福記念美術館などに寄贈している。

なぜ半世紀以上も蒐集と寄贈を続けてきたのか

最初にも触れたとおり、半世紀以上をかけて河さんが蒐集した絵の点数は一万二千点あまり、二百名近い作家に及ぶ。それらの作品のほとんどが日本や韓国の美術館、大学などに寄贈されている。これはやはり非常に稀有なことである。

河さんは「在日二世の事業家で絵画作品の収集家」といった肩書で紹介されてきたが、実際には自らが購入し収集した作品を寄付する「寄贈家」という稀有な存在だ。

李禹煥氏の作品のようにコレクション後に、値段が非常に高額になった作家もいる。蒐集家の中には所蔵する作品の一部を売る人もいる。しかし、河さんはコレクションした作品を売ったことは一度もなく、常に美術館などの公的施設へ寄贈している。ひたすら蒐集と寄贈活動を一個人が何十年にもわたって続けてきたということは、非常に特異なことと言わざるをえない。

「絵を売ろうと思ったことはないのですか」というこちらの質問（答えは予想していたのだが）に、河さんがキッと眼を見開いた。

「絵を売ろうと考えたことなんて一度もないですよ。思ったこともない。なぜなら最初にコレクションを始めた時の目的が作品を集めて祈りの美術館をつくることにあったから。そして過去の歴史の犠牲となった人達の慰霊をすることにあったから」と河さんは否定した。

そもそも絵画作品を蒐集してきた目的が一般のコレクターとは全く異なるからだと河さんはいう。

「私がコレクションしているのは自分で楽しむためでもないし、値段が上がったら売ってお金を儲けようというためではありません。昔あったことを忘れてしまわないで、記憶にとどめるために美術作品を蒐集している。私がコレクションしているのはその時々の時代の証言となり、記憶となり、資料となるような美術芸術作品ですよ」。

集めた絵画作品が多くの人に見てもらう場で、ずっと安全に保存できる場が必要だった。

そこで美術館への寄贈が行われた。

「公立の美術館なら立派な収蔵室があって温度調節して防虫対策やって、作品に保険もかけて守ってもらえますからね。コレクションを後世に残すことができますからね。美術館の収蔵作品の充実に寄与し、美術館の発展に貢献できる喜びがあります」。

キュレーター的側面も併せもつ存在

さらに河さんは通常の寄贈家とは大きく異なる面がある。

美術館側に作品を寄贈して完結するのではなく、自ら寄贈した作品の展示企画にも大なり小なり関わっているのだ。

最初に大掛かりな寄贈を行った光州市立美術館では「祈りの美術展」「在日の人権展」、さらには「崔承喜写真展」といった企画展をはじめ全和凰、李禹煥、孫雅由など数多くの作家の個展など、それぞれ企画段階から河さんが関わった。

「崔承喜写真展」のように作品（フィルム）の寄贈と企画展が一体化していた場合もある（4章参照）。「キュレーター的な側面を持つ寄贈家」ということになるだろうか。展覧会カタログや展覧会広報の報道記事などの執筆に携りキュレーターの役割も果たしてきた。

優れた企画力など、アイディアが豊富で、キュレーター的な能力に恵まれていたからこそ可能だったわけだが、「コレクター＋寄贈家＋キュレーター」と三つの役割が合わさった稀有な存在として、長年活動を続けてきたということになる。


「私がコレクションした作品は後世に伝えていくべき文化遺産。そういう見識、ポリシーで僕は絵画を集めてきた。いわば時代を証言する記憶遺産になっていくようなコレクションだと思っている。近いうちに必ず、河正雄コレクションの日本での里帰り展覧会が必ず開かれると思っています。その日が来る。そういう世の中の流れになると思う。そんな作品をコレクションし、次の世代の人のために遺産を守れたことが私の誇りであり、喜びです」。

コラム

李禹煥作品に韓国・朝鮮文化のDNAを感じる

河さんが購入した李禹煥コレクションは現在の市場価値では一点数千万円以上、数億の値がつく作品が何点もある。八〇年代、まだブレイク前のアーティストだった李禹煥氏の作品に注目したのは先駆的な鑑定眼と思うが、河さんは首を振った。

「別に新しい才能を見抜こうといった、そういう考え方はないんです。あの時は李禹煥さんからヨーロッパでの展覧会をする機会を与えてほしいといわれたからスポンサーとして支援しただけです。別に彼が有名になって、その絵が高くなることを期待してといったことではない」。

李禹煥氏の作品は「ボヘミアン的」「無国籍的」と評されることも多い。しかし、河さんはその作品の奥に朝鮮的文化のDNAを感じたという。

「私がコレクションしてきた絵は、その人の絵の世界から祈りが感じられるもの、善の心があるもの。たとえば李禹煥さんのFrom Lineという作品にそれを感じました。たしかに彼の作品は直接的に韓国や朝鮮を感じさせるものではないようですが、私は彼の作品から朝鮮の香りを感じるんですよ。韓国・朝鮮の文化や歴史の中から生まれたもので、やはりその血が、DNAが彼の芸術を作らせている、表現されていると私には思えますね」と河さんは李禹煥の作品を見る。

妻に贈られた作品も、光州市立美術館に寄贈

河さんの李禹煥コレクションのうち四十三点は光州市立美術館に寄贈され、十一点は霊岩郡立河正雄美術館に寄贈されている。

実はその中には李氏から贈られた作品が二点ある。

「いつだったか、韓国大使館の催しに李禹煥ご夫妻や私たちなどが呼ばれたことがあったんですよ。その帰りがけに、禹煥さんから『お話があります』と言われて、ご夫妻と一緒に喫茶店に入ったら、うちの家内に今度絵をプレゼントしますと言われたんですよ」

「そう。私にプレゼントしたいとおっしゃって、絵が家に届いたんです。でも、その絵を、夫はすぐに美術館に寄贈したのよね（笑）。家にあったのは三カ月くらいだったかな」と妻の昌子さん。

お二人の話を聞きながら「せっかく奥さんに贈られた絵も寄贈してしまったんですか？」と思わず大きな声で問いかけてしまった。

「彼女は自分がもらったものだと思っているわけよ。でも李禹煥さんの他の作品とまとめて光州市

立美術館に寄贈しました。そのことで、けっこういじめられるのよ」と奥さんに抗議されたことを心外だという感じで、河さんはさらっと答える。

「贈られた作品を家に飾って楽しむといったことには興味がない。良い作品を多くの人に見てもらうのが目的なのだから、蒐集した絵はすぐにどこかの美術館に寄贈してきたんですよ」と河さんは、当然のことだという感じで語る。

いや、アーティスト自身から贈られた絵なのだから家族で所有してもよかったのでは？と、俗人であるこちら側はつい思ってしまうのだが、河さんには寄贈して当然という表情である。

このエピソードからは李禹煥氏夫妻の河さん夫妻への深い感謝の思いも感じられる。

「李禹煥さんは私と三つしか違わないんですよ。私はコレクターとしての王道を歩めたと思う。分をわきまえたコレクターであったと思う。そういう満足感というのは今、僕にはあります」。

河正雄 寄贈先・寄贈作家目録

一九八三年十月十五日〜二〇二三年六月一日

寄贈先リスト

日本	京都市立美術館	油絵	1
	秋田県立生保内小学校	彫刻	1
	秋田県立生保内中学校	彫刻	1
	秋田県立 秋田工業高等学校	彫刻	1
	秋田県仙北市立角舘町 平福記念美術館	作品	116
	秋田県仙北市立 田沢湖図書館	作品	67
	埼玉県立近代美術館	作品178、資料1	179
	国立歴史民俗博物館	資料4（547）	547
	山梨県立北杜市立 浅川兄弟資料館	作品	91
	駐日本大韓民国大使館	作品	4
韓国	光州市立美術館	作品	2603
	朝鮮大学校美術館 （光州）	作品	350
	釜山市立美術館	作品	441
	浦項市立美術館	作品	2196
	大邱美術館	作品	58
	済州島立美術館	作品	56
	大田市立美術館	作品	239
	全羅北道立美術館	作品	255
	国立古宮博物館	李方子遺品	691
	淑明女子大学校博物館	作品、資料	971
	潭陽対談美術館	作品	117
	霊岩郡立河正雄美術館	作品	4572
	大韓民国歴史博物館	資料4（547）複写資料	547
合計			14104

寄贈作家リスト

在日作家

李禹換《イ・ウファン》
李菊子《イ・ククジャ》（三浦利江子）
李讃康《イ・チャンガン》
李哲州《イ・チョルジュ》
呉林俊《オ・イムジュン》
呉日《オ・イル》
呉炳学《オ・ビョンハク》
姜慶子《カン・ギョンジャ》
康東龍《カン・ドンヨン》（伊丹潤）
金仁淑《キム・インスク》
金愛子《キム・エジャ》
金石出《キム・ソクチュル》
金善東《キム・ソンドン》

金昌徳《キム・チャンドク》
金登美《キム・ドゥンミ》
金英淑《キム・ヨンスク》
郭仁植《クァク・インシク》
郭徳俊《クァク・トクジュン》
高三権《コ・サムグォン》
孫雅由《ソン・アユ》
宋英玉《ソン・ヨンオク》
崔広子《チェ・グァンジャ》
崔承喜《チェ・スンヒ》（フィルム・パネル作品として）
曺良奎《チョ・ヤンギュ》
全和凰《チョン・ファファン》
許勲《ホ・フン》
文承根《ムン・スングン》

韓国人作家

李仁鉉《イ・イニョン》
李日鐘《イ・イルジョン》
李源《イ・ウォン》
李康河《イ・カンハ》
李光沢《イ・グァンテク》
李相国《イ・サングク》
李重熙《イ・ジュンヒ》
李수경《イ・スギョン》
李世得《イ・セドク》
李石柱《イ・ソクジュ》
李聖子《イ・ソンジャ》
李斗植《イ・ドシク》
李方子《イ・バンジャ》

李恒星《イ・ハンソン》
李壕哲《イ・ホチョル》
任英宰《イム・ヨンジェ》
禹済吉《ウ・ジェギル》
呉二良《オ・イヤン》
呉治均《オ・ジギュン》
呉承雨《オ・スンウ》
呉承潤《オ・スンユン》
姜雲《カン・ウン》
康美徳《カン・ミドク》
姜連均《カン・ヨンギュン》
金寅化《キム・インファ》
金喜奎《キム・キギュ》
金圭泰《キム・ギュテ》
金敬烈《キム・ギョンヨル》

金丘林《キム・クリム》
金鎮石《キム・ジンソク》
金振烈《キム・ジンヨル》
金守益《キム・スイク》
金鮮会《キム・ソンフェ》
金昌烈《キム・チャンヨル》
金炯董《キム・ヒョンドン》
金行信《キム・ヘンシン》
金興洙《キム・ホンス》
金鳳台《キン・ボンデ》
郭桂晶《クァク・ケジョン》
鞠重孝《クク・ジュンヒョ》
高栄勲《コ・ヨンフン》
申璋湜《シン・チャンシク》
徐世鈺《ソ・セオク》

昔英基《ソク・ヨンギ》
成順姫《ソン・スニ》
宋繁樹《ソン・ボンス》
崔双仲《チェ・サンジュン》
崔鐘燮《チェ・ジョンソプ》
崔英勲《チェ・ヨンフン》
崔栄林《チェ・ヨンリム》
車一萬《チャ・イルマン》
張栄一《チャン・ヨンイル》
千鏡子《チョン・ギョンジャ》
鄭相和《チョン・サンファ》
趙誠愛《チョン・ソンエ》
丁昌燮《チョン・チャンソプ》
鄭文圭《チョン・ムンギュ》
鄭永烈《チョン・ヨンヨル》

河鐘賢《ハ・ジョンヒョン》
朴古石《パク・ゴソク》
朴哉妍《パク・ジェヨン》
朴栖甫《パク・ソボ》
朴成換《パク・ソンファン》
朴昌敦《パク・チャンドン》
朴芳永《パク・バンヨン》
朴炳熙《パク・ビョンヒ》
卞鐘夏《ピョン・ジョンハ》
黄宇哲《ファン・ウチョル》
黄珠里《ファン・ジュリ》
黄棲怡《ファン・ソイ》
黄昌培《ファン・チャンベ》
黄美徳《ファン・ミドク》
黄栄性《ファン・ヨンソン》

黄用燁《ファン・ヨンヨプ》
洪承恵《ホン・スンヘ》
閔利植《ミン・イシク》
閔庚甲《ミン・ギョンガプ》
柳康烈《ユ・ガンヨル》
尹亨根《ユン・ヒョングン》
尹明永《ユン・ミンヨン》

北朝鮮作家

姜信範《カン・シンボム》
金청일《キム・チョンイル》
鄭鐘汝《チョン・ジョンヨ》
鄭祀模《チョン・チャンモ》
洪聖喆《ホン・ソンチョル》
文和春《ムン・ファチュン》

中国人作家

郭怡孮
古元
顧及平
社宏其
朱鳴崗
秦怜雲
宋克
張孝友
張漾兮
鄭炯灶
劉兵
汪刃鋒
汪西邦
趙延年
趙大陸
邱百平
刘永明

日本人作家

池田満寿夫
河合勝三郎
雨宮彌太郎
泉茂
市橋とし子
岩澤重夫
植松永雄
大月一二
岡本太郎
荻須高徳
加藤昭男
加納光於
木原康行

清塚紀子
草間彌生
桑原翠邦
小林孔
斎藤寿一
佐々木正芳
佐藤藏治
澤田政廣
嶋田青峰
関根伸夫
高田悟
田中保
富山妙子
中野四郎
新妻実

野田典男
浜口陽三
平福百穂
平山郁夫
福沢一郎
福田新生
丸木位里
丸木俊
山形博導
山下菊二
大和修治
浮世絵コレクション

世界

アルマン
アンディ・ウォーホール
イワンラブジン
ジム・ダイン
シャガール
ジャスパー・ジョンズ
ダリ
ピエール・ボンコンバン
ピカソ
フランク・ステラ
ブルース・スティルマン
ベン・シャーンとヘンリー・ミラーのコレクション
ヘンリ・ムア
リオネル・F・マッサ
ルオー
マリー・ローランサン

陶磁器

陶磁コレクション　約300点　霊岩陶器博物館寄贈
中川伊作コレクション

エピローグ

二〇二三年二月、取材も終盤にさしかかったころ、東京の駐日韓国文化院ギャラリーMIで開催された「河正雄コレクション　徒徒《つれづれ》　江上越・河明求展」に私たちは来ていた。

すでに半世紀以上に渡って続けられている河正雄コレクションは全和凰という在日作家との出会いから始まり、さまざまな作家の作品がコレクションされてきたが、その中核をなすのは、「ディアスポラ」的な立場にある在日作家（日本を拠点とした作家も含む）たちだ。

しかし、徒徒展でフォーカスされたのは二一年、二二年に蒐集された最も新しい河さんのコレクションだった。河明求《ハ・ミョング》と江上越《えがみえつ》、二十代、三十代の韓国と日本の若いアーティスト二人の作品である。

河明求は韓国の大学で陶芸を学び、イギリス留学後、一三年に日本へ。作品の発表を行いながら、東京造形大学の博士課程を修了した。

展示されていたのは、韓国で古くから伝承されている妖怪「トッケビ」をモチーフとした作品が中心だった。トッケビは悪戯好きで人との交流を好むなど、日本の妖怪よりも親しみやすい印象だが、河明求さんの生み出したトッケビは異界のものの不気味さもうっすら漂わせつつ、ユーモラスな雰囲気。独特な曲線で描き出された姿形に引き込まれる。

つい触ってみたくなるようなトッケビたちをいろいろな角度から眺めつつ、河さんはなぜ、河明求作品をコレクションしたのかと考えた。素晴らしい作品であるのはもちろんだが、どのような点に着目したのか。

在日二世として河さんが抱く祖国の文化への憧憬であったり、韓国の才能あるアーティストを韓日両国で紹介したいという思いも当然あるだろう。しかしそれだけだろうか？

パンフレットを読んで、河明求氏は民衆によって伝承されてきたトッケビを「もう消えてしまった過去の人との物語や、関係性をそのまま記憶している存在」と捉えているという点に注目した。過去の物語、関係性、記憶。こうした視点に河さんは何より惹かれたのではないだろうか。

日本人アーティストの江上越は一九九四年生まれで、日本、中国、ヨーロッパを中心に活動している。二〇二一年四月フォーブスアジアが発表した「世界を変える三十歳未満の三十人」に選出され、国際的にも期待される新進アーティストである。
才能あふれるアーティストであることは間違いないが、しかし河正雄コレクションとの接点は？

展示されていたのは「コミュニケーション」と題された連作で、なんと河さんを描いたものだった。

さまざまな年代の河さんが描かれているのだが、その手法は古典的なスタイルではない。丸みを帯びた太いタッチの線（ストローク）で描かれた半抽象的な肖像画だ。

太いタッチの線で描かれているのにも関わらず、描かれているのはまさしく河さんだった。少年時代の河さんを描いた作品からは強い意思が立ち上っているのが感じられ、青年時代の河さんの作品からは青年の孤独や深い憂愁のようなものが伝わってくる。

在日二世として苦悩することが多く、さまざまな挫折や軋轢も経験してきた河さんにはこれまでしばしば「コミュニケーション」の齟齬《そご》が立ちふさがってきただろう。

江上越さんと河さんは美術評論家の千葉成夫氏の紹介で知り合ったそうだ。

海外での生活体験から「コミュニケーションとは何か」を作品で問いかけるようになった

という江上さんは、河さんの半生、生き方に強い関心を持ち「コミュニケーション・プロジェクトに参加してほしい」と河さんに請う形でこの連作の創作がスタートした。わずか数カ月の間に取材・インタビューを経て、二十点の肖像画が完成した。
「河さんとの一期一会の記念碑的作品となるでしょう」と江上さんは語ったという。
河さんと江上さんは世代も生きてきた環境や社会の状況も異なり、接点がないように感じたが、「コミュニケーション」という視点でつながっていく二人のコラボレーションが大変興味深く感じられてきた。

河正雄コレクションに加わった二人のアーティストの作品の傍らには全和凰の『牡丹』、李禹煥の『色の位置』（版画）といった河正雄コレクションの中核をなす作家の作品の一部が展示されていた。

当初は苦難の中、亡くなった同胞の慰霊のために在日作家の作品を集めるところから始まったコレクションだが、年月の流れの中、そして世界の変化の中でその対象は、次第に在日作家から、日本や韓国の作家、アジア、そして世界へと広がっていった。

最初は急で勢いよく流れる川のようだったコレクションは、ゆったりした大河へと姿を変えていった。そこに至るまで河さんの実人生は多くの軋轢、対立、無理解、偏見などと立ち向かうものだったことも、今は明らかだ。そして、ゆったりとした大河の流れとなったコレクションの先端のところに、韓国と日本の若いアーティストの作品がある。

会場には美術関係者、日本や韓国の関係者などさまざまな人が訪れていた。その中には、河さんの故郷田沢湖のある仙北市の関係者も大勢訪れて、和やかに歓談をされていた。

河さんのコレクションに思いをはせ、とても長い旅をしてきたように感じながら、私たちは会場を後にした。

あとがき

本著の締め括りとして、想いを語ってみようと思う。

二〇二一年九月、私が人生のまとめを出版したいと話したところ、「評伝を出しましょう」と声がかかった。

それから作業はコロナ禍や諸々の事情が重なり、遅々として進まなかったが、二〇二四年七月になって「原稿がまとまりました。読んでみて下さい。」とゲラが送られて来て、以降は堰を切ったような進展を見せた。

その時、私は体調を崩してゲラを読む力もなかったために一ヶ月も放置してしまった。ままならない状況下で校正を待たせることにも申し訳なさでストレスを感じていた。

一日もあれば読める作業を十日もかけてようやく読み終えた。「理解出来ない」と繰り返されるゲラの内容に、増々ストレスが重なった。

人に理解されない、消化不良を起こすような人生だったのだろうかと、自己嫌悪に陥った。その夜は寝られないと思いきや、何故かぐっすりと眠りに就くことが出来た。重しが取れ吹っ切れたからであろうか、嫌悪感は何処へやら、さらりと消え去っていた。眠ることの妙薬である。

中学卒業の時、通信簿に松本正典先生が書いて下さったメッセージに今も励まされている。

「いろいろ困難なことに出会うと思いますが、どんな境遇になっても自分を大切にして生きさえすれば、きっと運命が拓けるものと思います。どんな状態の身になりますとも自重されて大いに将来、世のため人のためになるよう頑張って頂きたいものです。」

高校三年生の時、安倍能成著『青丘雑記』の文中にある「浅川巧さんを惜しむ」を読んだ。「その人間の力だけで露堂堂と生き抜いていった。こういう人は良い人というだけでなく偉い人である。こういう人の存在は人間の生活を頼もしくする。」と書かれており、私も浅川巧のように露堂堂と生きて見たいと、憧れ敬愛する出会いとなった。人生に於ける道標であり灯となった。

高校卒業時、クラスメイトとの別れの寄せ書きに『大河の如く』と記し、人生の道標にして生きて行こうと誓い社会に出た。

三十五歳の時、京都竜安寺住職の松倉紹映師との出会いで説いて下さった言葉の「君は両手に宝物を握っている。片方は放し空けておきなさい。空けておけば今握っているよりももっと良い物を握ることが出来る。最期は両手を空けて天に行くんだよ」という教えに世を見る目が開いた。

還暦を過ぎた頃、それまで信じたこともなかった運勢を観る易者の『君は大器晩成型』という言葉に、今だ完成しない人生だから怠るな、もっと励めと理解し道半ばを歩んでいる。

このあとがきを記すことになり、様々な転機の記憶が一気に甦って来たのだから人生は実に面白く愉快なものである。

人生に楽なことはない。苦があるからこその楽である。苦の為に心を病んでも自分の生き方にブレはなかった。損得の計算なしで他者のために骨折することを惜しまなかった。無益な争いごとを避けて忍耐した。一歩後退したら必ず一歩前進するのだと努力し続けた。努力、忍耐こそ遠回りに見えて人生をより良くする最善手である。

父母と先祖、恩師や友人、故郷と祖国、諸々の神仏のおかげのようだと感謝を片時も忘れはしなかった。お天道様は全てを知り見守っていると母は育ててくれた。一番大事なことは身近にいる妻や子らの助けと献身であった。

この書は人生の滋養に溢れている。在日二世の人生の営みを俯瞰した位置から読んで頂ければ読者諸兄らのヒントになることであるだろう。出版にあたり『クオン』の金承福社長、筆者の原智子さん、コーディネイターの青嶋昌子さんらの尽力に深甚なる感謝を述べたい。

初心忘れず教えを守って歩んだ道、悔いのない誠実に生きた証しの旅を、御縁を持てた皆さまと掛け替えのない喜び、幸せを分かち合いたい。

二〇二四年九月　自宅にて

河正雄

著者 **河正雄**（は じょんうん）

光州市立美術館終生名誉館長。光州視覚障碍人連合会名誉会長。財団法人秀林文化財団理事長（在任2012～2018年）。1939年、東大阪市生まれ。1994年、韓国国民勲章冬柏章受勲。2012年韓国宝冠文化勲章受勲。2020年山梨県北杜市市民栄誉賞、韓国文化芸術委員会今年の芸術後援人メセナ大賞受賞。2023年日本国叙勲紺綬褒章受章。著書に『全和凰ー祈りの美術』（求龍堂）、『望郷ー二つの祖国』（成甲書房）、『恨'95』（民衆社）、『韓国と日本、二つの祖国を生きる』（明石書房）、『祈りの美術』、『尋劔堂』（以上イズミヤ出版）、『ちちははの思うことのみ』ハングル・日本語版（KOREA TODAY）など。

聞き書き **原智子**（はら ともこ）

ライター・編集者。語学教育関連、旅行・アジア文化関連、就職・ビジネス関連の取材・編集、書籍の構成などに携わる。著書に『100％香港製造』（TOKIMEKIパブリッシング）、共著に『ソウル無印美食』（同）など。そのほか、『宮脇孝雄の実践翻訳ゼミナール』（アルク）、『NPOで働く』（東洋経済新報社）、『同時通訳者の頭の中』（祥伝社）など書籍の編集・構成に携わる。

アートでつなぐ

2025年2月21日　初版第1刷発行

著者　河正雄
聞き書き　原智子
取材・構成　あおぶんラボ
ブックデザイン　atelier yamaguchi
カバー装画　友野晴香
印刷　大盛印刷株式会社

発行人　永田金司　金承福
発行所　株式会社 クオン
〒101-0051
東京都千代田区神田神保町1-7-3　三光堂ビル3階
電話　03-5244-5426 ／ FAX　03-5244-5428
URL　https://www.cuon.jp/

ISBN978-4-910214-56-6　C0023